서울대학교 발달심리연구실 시리즈 2
Series 2 of SNU Developmental Psychology Lab

영유아기 엄마와의 상호작용:
신체적 터치와 공동주의

| 곽금주 · 김수정 · 김연수 공저 |

서울대학교 사회과학대학 아동 심리발달 및 성장발육 연구사업단
SNU Center for Children Psychological & Physical Development study

학지사

이 책은 2008년도 정부재원(교육과학기술부)으로 한국연구재단의 지원을 받아
연구되었음(NRF–J01302).

머리말

　최근 영아기에 대한 발달심리학적 연구들이 활발하게 진행되면서, 생후 몇 해 동안의 아기들이 지닌 능력에 대해 새롭고 놀라운 사실들이 발견되어 왔다. 아기들은 발달하기 위해 이미 많은 것들이 준비된 존재다. 성인이 아직 세상을 모를 것이라고 생각하는 시기에 아기들은 이미 자기 이외의 다른 사람을 인식하고 이해하며 외부 세계에 대한 많은 논리와 이론들을 배우고 만들어 간다. 아기의 이런 타고난 능력을 한껏 발휘하게 도와주는 것이 바로 양육 환경이다. 타고난 능력에 외부 세계와의 상호작용이 반드시 더해졌을 때 영아기 급속한 발달이 가능하다는 것이 여러 발달심리연구자들의 주장이다. 양육자와의 상호작용을 통해 영아들은 사회적 이해와 애착관계를 형성해 가고 불가능하다고 생각할 정도로 짧은 시기에 급속히 언어를 습득하기도 하며 정서를 조절하는 방법을 배워 간다. 이 책은 이처럼 영아기 동안의 아동 발달에 지대한 영향을 미치는 엄마와의 상호작용에 주목하였다.

　이 책을 펴내게 된 계기는 현재 서울대학교 사회과학연구원에서 한국연구재단의 지원을 받아 진행되고 있는 한국 아동 발달에 대한 종단연구에서였다. 2002년부터 아동의 발달에 대한 종단연구를 시작한 이래 9년여의 시간이 흘렀다. 참여 아동의 가정을 방문하여 인지, 언어 및 사회성 발달의 큰 틀 속에서 월령별 발달자료를 수집하기 시작하여, 2011년 현재는 참여 아동의 서울대학교 실험실 방문을 통해 연구가 진행되고 있다.

　신생아 때부터 연구에 참여해 온 아동들도 어느덧 의젓한 초등학생으로 성장했고 아동 발달에 대한 종단적 자료도 함께 모이고 있다. 우리 저자들은 종단자료를 분석하는 과정에서 아동 발달에 장기적 영향을 미칠 수 있는 초기 변인으로 엄마와의 상호작용에 관심을 가지게 되었고, 그 다양한 양상들을 정리할 필요성을 느끼게 되었다. 그중에서도 이 책에서는 영아-엄마 상호작용의 핵심적인 측면이라 할 수 있는 신체적 터치와 공동주의를 우선적으로 다루고자 한다. 이 책의 일차적 목표는 영아-엄마 상호작용과 관련된 흥미로운 연구 결과들을 체계적으로 접하려 할 때 이 책이 좋은 길잡이가 되는 것이다. 더 바라기로는 이 책이 직접적인 아동 양육에 도움이 되었으면 한다.

책을 펴내면서 의욕이 앞서 미흡한 점도 물론 있지만 앞으로 계속 수정·보완해 나갈 것이다.

끝으로 이 책이 나오기까지 많은 도움을 주신 학지사의 김진환 사장님과 백소현 대리님께도 감사드린다. 또한 무엇보다 적지 않은 시간이 걸리는 연구에 지속적으로 참여해 주신 아동과 부모님, 그 가정에 가장 큰 감사를 드린다.

2011년 8월

저자 대표 곽금주

차 례

제1부 신체적 터치 29

제2부 공동주의 87

서 장

    태어난 직후 영아들은 혼자 힘으로 아무것도 가능치 않다. 아마도 인간의 전 생애에서 가장 무력한 시기가 바로 이 영아기라고 할 수 있다. 따라서 이 시기의 양육자는 영아에게 중요한 역할을 하게 된다. 특히 영유아기 아동은 양육자에게 의존하고, 양육자는 아동의 생애 초기에 결정적인 영향력을 끼치기 때문에 영유아기 때의 양육자는 영아 발달에 주요한 변인이다.

1. 영유아기 부모와의 상호작용의 중요성

    인간이 영아기 때 이미 많은 능력을 가지고 태어남을 여러 실험에서 밝힌 Gopnik, Meltzoff 및 Kuhl(2006)은 급속한 영아기 발달을 가능케 하는 세 가지 요소를 설명하고 있다. 첫째, 영아들이 생애 초기부터 상당한 지식을 가지고 있으며, 둘째, 지식을 수정하고 재구성하는 데 필요한 강력한 학습 기제와 더불어, 셋째, 무엇보다 상호작용할 수 있는 주변 성인들이 존재한다는 것이다. Gopnik 등은 이러한 세 가지 요소로 인해 영아기 동안의 괄목할 만한 발달을 하게 된다고 주장한다. 이러한 측면에서 본다면, 영아기 동안 주요한 성인인 엄마와의 상호작용은 영아 발달에서 매우 중요한 요인이라고 할 수 있다.

Bornstein과 Tamis-LeMonda(2001)에 의하면 엄마-영아 상호작용이 영아 발달에 제공하는 네 가지 본질적인 기능이 있다고 한다. 첫째, 엄마-영아 상호작용은 사회적 이해를 촉진시킨다. 출생 시 아기는 다른 사람과 의미를 공유하고 의사소통할 동기화와 준비가 되어 있으며 2개월이 되면 영아는 엄마와의 상호작용("원형적 대화(protoconversations)", Bateson, 1979)에 매우 반응적이고 복잡하게 참여하게 된다. 즉, 소리 내고(coos), 응시하고, 미소 짓고, 꿍꿍거리고(grunt), 빠는 형태로 서로 교류하게 된다. 다른 사람과의 상호작용, 특히 엄마-영아와의 상호적인 참여를 통해서 자기(self)와 관련된 다른 사람의 행동에 대한 사회적 기대와 예감이 발달하고, 사회적, 인지적 이해를 더 높은 수준으로 발전시키는 "공유된 경험, 즉 상호주관성(intersubjectivity)"(Trevarthen,

1993)이 발달된다. 6개월이 되면 영아는 다른 사람들과 상호작용하고 반복적으로 대면하고 파트너에 대한 정보를 얻기 시작하면서 사회적 파트너에 대한 민감성을 발달시킨다. 이러한 초기 상호작용은 의도를 가진 주체자로서 자기와 다른 사람들에 대한 이해와 사회인지를 발달시키는 기능을 한다. 그런가 하면 9개월 영아는 다른 사람의 주의와 조망으로 자신의 주의와 조망을 조절하고 감찰함으로써 '이차적 상호주관성(secondary subjectivity)'을 나타낸다(Baldwin & Baird, 1999; Trevarthen, 1979).

둘째, 애착을 발달시킨다. 엄마-영아 상호작용의 기능은 영아의 안전한 애착을 발달시키는 역할을 한다. 진화론적인 관점에서, 영아의 애착 발달은 자연선택을 반영하는 것으로, 즉 1차 양육자와의 근접성을 유지하는 영아는 더 돌봄을 받기가 쉽고, 약탈자로부터 보호되고 생존하기 쉽다. 요컨대, 영아의 안전 애착 발달은 생후 1년 동안에 나타나는 엄마-영아 상호작용의 질에 따라 결정된다(Ainsworth, 1973). 덜 민감한 엄마보다 영아의 행동적, 정서적 단서와 요구에 맞추는 엄마는 안전 애착인 영아로 양육하기 쉽고, 안전 애착인 영아는 더 사회적이고 유능한 어린이로 성장하기 쉽다(Belsky, 1999).

셋째, 언어 획득에 도움이 된다. 엄마-영아 상호작용은 상호주관성을 증가시켜 영아의 의사소통과 언어를 좀 더 성숙한 유형

으로 계속적으로 발달시킨다. 예컨대, 엄마는 2개월 된 영아와
놀 때 말이 되는 옹알이를 선택적으로 강화시키기 위해 소리를
낸다(Kugiumutzakis, 1998). 결과적으로 공유된 정서 표현과 공유
된 경험은 영아와 엄마가 말하는 경험을 공유하도록 유도한다
(Fogel, Messinger, Dickson, & Hsu, 1999). 뒤에서 설명될 '공동주의
(joint attention)'는 언어 획득을 위한 중요한 틀을 제공한다(Moore
& Dunham, 1995).

넷째, 정서 조절을 발달시킨다. 엄마-영아 상호작용은 아기
로 하여금 정서를 조절하도록 도울 뿐만 아니라 영아의 정서를
고취시킴으로써 영아의 정서 발달에서 중요한 역할을 한다. 생의
첫날부터 엄마는 영아의 얼굴 표정, 목소리, 그리고 접촉, 눈 맞
춤, 미소, 웃음에서 나타나는 기쁨에 대한 영아의 경험을 지지한
다(Papousek & Papousek, 1995). 엄마는 영아의 생리학적인 각성과
스트레스를 조절하는 중요한 역할을 한다. 예컨대, 매우 어린 영
아들은 시각적인 통제를 이동시킴으로써 각성을 변화시키기 때
문에(Tronick & Weinberg, 1990), 영아의 정서 조절은 부모-자녀
관계의 맥락 내에서 발달하는 것으로 개념화된다. 영아기 말기
동안의 엄마-영아 놀이는 더 복잡한 상호주관적 이해를 만드는
협상기술을 연습하도록 해 준다(Trevarthen, 1993). 이와 같이 영아
기 어머니와의 상호작용은 이후 언어 발달, 인지 발달, 그리고 사

회성 발달을 포함한 적응적인 발달에 영향을 준다고 할 수 있다.

뿐만 아니라 영유아기 부모와의 상호작용을 향상시켜 주게 되면 영유아의 발달에 도움을 주기도 하고 또 예방적인 차원에서 중재 역할을 할 수도 있다. 1970년대 이후 발달정신병리학(developmental psychopathology) 영역에서는 시간 경과에 따른 행동의 연속성과 변화에 관심을 가지며, 어떤 아동이 다른 아동에 비하여 병에 더 취약한 원인을 파악하려 할 뿐 아니라, 어떤 보호요인이 스트레스를 줄여 이후에 병리로 발전하지 않도록 해 주는지를 밝히려고 한다. 발달심리학적 측면에서 보호요인을 명확하게 규명할수록 예방과 중재가 더 용이해지고, 이것은 성인기보다는 아동기에 더욱 유용할 수 있다. 따라서 발달의 적응을 위한 보호요인(건강한 발달을 유지시키고 촉진시키는 요인)과 위험요인(정신병리가 발생할 가능성을 높여주는 모든 조건이나 상황을 말하며 장애를 직접 결정할 수 있는 요인)을 발견하는 것이 매우 중요하다. 이와 같은 위험요인과 보호요인을 밝히려는 노력은 1970년대부터 시작되었는데, 초기 연구로는 3세 이전의 어린 하와이 아동을 대상으로 한 Werner 등의 종단연구(1971)를 들 수 있다(Powell, 2001). 이 연구에서는 생후 2세경에 네 가지 이상의 위험요인(부모의 알코올중독, 빈곤 등)에 노출된 유아의 1/3만이 이후 부정적인 생애 경로를 갖지 않았으며 이것은 여러 연구에서도 증명되었다. 이는 발달과

정에서 부적응으로의 경로를 차단하는 보호요인이 있음을 시사
한다. 이러한 보호요인을 찾는 동시에 위험요인을 감소시키는 방
향으로 영아들에 대해 조기 중재를 시작함으로써 발달상에서의
불이익을 감소시키려는 시도가 계속되고 있다.

영아를 대상으로 한 중재 프로그램에는 여러 종류가 있으나
영아와 함께 부모(어머니)를 대상으로 하는 대부분의 조기 개입
프로그램들은 영아의 가정 환경에 영향을 주려는 시도를 한다.
이러한 프로그램들에서는 가정 방문이 특히 흔하게 사용되었다.
이는 프로그램 실행자들이 영아가 양육되는 가정과 가족 환경에
대한 일차적인 중요한 정보를 얻는 기회이며, 또한 가족 선호도
와 조건에 프로그램 내용을 맞출 수 있는 기회를 갖는다는 장점
이 있다. 따라서 중재 목표에는 영아의 성취뿐 아니라 일차적으
로 부모 관련 사항 또한 강조된다.

조기 프로그램들은 영아와 걸음마기 아동 발달에 대한 부모
의 지원을 향상시켜 주는 프로그램 방략을 설계하기 위한 영아
발달 이론과 연구의 적용에 선구자적 역할을 했다. 예컨대, 언어
발달 이론과 연구는 언어적 상호작용을 강조하는 Mother-Child
Home Program의 시초가 되었다. 이러한 프로그램들 사이에 개
념 및 교수법상의 차이는 분명히 존재하지만 활동 중심적 부모-
자녀 간 상호작용에 초점을 둔다는 공통점이 있다. Florida 프로

그램의 경우, 예를 들면 전문직 보조원인 부모교육자가 엄마와 영아가 일주일간 할 것이라 예상되는 활동들을 가르쳐 준다. Mother-Child Home Program에서는 장난감과 책 선물들이 있는 곳에서 엄마와 걸음마기 아기가 함께 놀이하는 home play session을 행하도록 'toy demonstrators'가 실시된다. 이렇게 상호작용을 강조하는 중재 프로그램들은 어머니의 참여를 강조하는데 일반적으로 영아 발달에 미치는 중재 효과가 지속되기 위해서는 어머니의 적극적인 참여가 필수적이기 때문이다(Sweet & Appelbaum, 2004).

이러한 어머니의 적극적 참여를 유도하기 위해 가정 방문의 방법을 채택한 중재 프로그램들이 있다. 예컨대, The Mother-Child Home Program(MCHP)은 2세 아동부터 시작되는데 프로그램 실시 1년 후 통제집단과 비교한 결과, Stanford-Binet 검사 점수에서 차이가 있었다(Madden, Levenstein, & Levenstein, 1976). MCHP의 후속 실험 평가에서는 취학 전 아동들의 지적 성취와 엄마의 행동에 적은 효과가 있었다는 것이 밝혀졌다. 흥미로운 점은, 가정 방문 없이 장난감과 책만 제공된 프로그램은 프로그램 전체를 받은 아동의 IQ만큼 효과적이었으나 엄마의 행동에는 별로 영향을 주지 못했다(Madden, O'Hara, & Levinstein, 1984). 또 다른 예로, Head-Start's Parent-Child Center program은 국가적인 기반을 갖고 비교적 광범위하게 실시된 최초의 부모-영아 프로그램이다. 1968년에 빈곤과의 전쟁을 선포한 후 그 일부분으로 초기 시도를 시작한 이래로, 미국 전역에 걸쳐 36개의 커뮤니티에서 시작되었다. 센터에서는 아동을 위한 프로그램을 제공하고, 부모와 다른 가족 구성원들을 위한 프로그램도 제공하며, 건강과 영양 서비스, 사회적 서비스를 제공한다(Lazar, Anchel, Beckman, Gethard, Lazar, & Sale, 1970). 또한 부모-자녀 발달센터(Parent-Child Development Centers)에서 행해진 프로그램은 아동 발달, 아동 양육, 가사 관리, 영양, 건강, 성격 발달, 지역사회 자원 활용에 대한 정보들을 어머니를 위한 커리큘럼에 포함하였는데, 아동에 대한 프로그램과 참여 가족들을 위한 의학적, 사회적 서비스를 동시에 제공하였다.

한국의 경우 영아들을 위한 중재 프로그램에 대하여 비교적 소수의 연구들이 진행되었으며, 아직은 시작 단계라고 할 수 있다(박성혜, 곽금주, 성현란, 심희옥, 장유경, 김수정, 정윤경, 2005; 성현란, 배기조, 곽금주, 장유경, 심희옥, 2006; 이영, 김온기, 2000; 이영자, 이종숙, 신은수, 곽향림, 이정욱, 2001). 가정 방문을 통한 중재 프로그램인 박성혜 등(2005)과 성현란 등(2006)의 연구는 2002년부터 2005년까지 진행된 한국영아발달연구에 참여한 정상집단의 영아들을 대상으로 각각 사회성과 인지 영역의 발달 향상을 목적으로 실시되었다. 박성혜 등(2005)은 2002년부터 2004년까지 종단적 영아 발달 연구에 참여한 450명 중 인지, 사회, 언어 영역 점수에서 하위 50% 이하에 속하는 20개월 영아와 어머니 120명을 대상으로 하여 그 중 60명의 영아를 실험집단으로, 나머지 영아 60명을 통제집단으로 무선적으로 할당하였다. 영아의 사회성을 증진시키기 위해 어머니-영아 상호작용에 초점을 맞춘 프로그램을 개발하여 실험집단에게 2주 간격으로 총 8회 프로그램을 실시하고 효과를 알아보기 위해 자유놀이 상황에서의 어머니와 영아의 행동을 촬영, 분석하였다. 그 결과 프로그램 참여집단의 경우 통제집단과 비교하여 볼 때 어머니의 언어적 통제가 감소되고 어머니와 주의를 협응하면서 공동주의를 하는 경향이 있었다(Jeong & Kwak, 2006). 성현란 등(2006)의 연구는 영아의 인지 발달에 초점을 맞추어 진행되었는데 중재집단의 수개념과 모방 등 인지 발달이 통제집단에 비해 유의미하게 높아졌으며, 프로그램 실시 이후 어머니-영아 상호작용 중 수반적 격려(영아의 행동 후에 따르는 어머니의 언어적, 비언어적 격려)가 높아진다는 결과를 얻었다. 상기한 두 가지 중재 프로그램은 충분한 결과를 얻지는 못하였으나 앞으로의 중재 프로그램 개발에 상당한 시사점을 지니고 있다.

　상기한 두 중재 프로그램은 모두 어머니가 영아와 일상적으로 상호작용하는 과정에서 영아의 행동에 관심을 가지고 자극하

도록 하였다. 이러한 상호작용에서의 변화가 영아의 인지 및 사
회성 발달을 긍정적인 방향으로 유도한 것으로 해석할 수 있겠
다. 무엇보다 어머니가 영아와 상호작용하는 방식이 바뀌지 않으
면 발달에 대한 중재 효과는 일어나지 않는다(Mahoney, Boyce,
Fewell, Spiker, & Wheeden, 1998; 성현란 등, 2006에서 재인용)는 지적
을 고려하여 볼 때 이후의 중재 프로그램 개발에서도 어머니−영
아 간 상호작용에 대한 고려가 반드시 이루어져야 할 것이다. 이
와 관련하여 영아기 초기, 엄마−영아 간 상호작용에서 책을 매개
로 한 문자 관련 경험이 이후의 언어 및 인지 발달에 영향을 미친
다는 연구 결과(곽금주, 2003; Karrass & Braungart-Rieker, 2005;
Moore & Wade, 1997)가 존재한다. 구체적으로 곽금주(2003)는 생후
3개월된 영아와 그 어머니들을 대상으로 책 읽기 프로그램(Book
Start program)에 참여한 집단과 그렇지 않은 집단의 6개월 후 엄
마−영아 관계, 인지(문제해결, 수개념, 탐색행동), 언어(MCDI−K),
사회성(자기인식, 사회적 관계 및 상호작용, 가리키기) 발달 정도를
측정한 결과, 참여집단은 통제집단과 비교하여 애정적 신체적 터
치를 많이 하며, 문제해결과 수개념, 다양한 감정을 표현하는 어
휘가 풍부하고 비언어적 제스처를 통해 의사소통을 하려는 경향
이 더 높아진 것으로 나타났다(곽금주, 2006).

2. 이 책의 구성

이와 같이 엄마와 아동 간의 상호작용은 영유아기 발달에 가장 핵심적인 역할을 한다고 할 수 있다. 따라서 영유아기 발달에 중요한 역할을 담당하게 되는 부모와의 상호작용에 관해 알아보고자 하는 것이 이 책의 목적이다.

이 책은 1부와 2부로 나누어지는데, 1부에서는 엄마-영아 상호작용에서 핵심적 역할을 할 수 있는 영아에 대한 엄마의 신체적 터치를 3가지 측면에서 살펴보았다.

1장에서는 신체적 터치의 중요성을 신생아기와 영아기로 나누어 살펴보았는데, 신생아를 돌보는 엄마의 신체적 터치 형태는 오랫동안 괄목할 만한 주목을 받아 왔다. 여러 종의 신생아들을 핥아주는 행위는 어린 종의 생존에 필수적인 기능을 하며(Montagu, 1986), 또 다른 형태의 신체적 터치인 안기, 안고 이동하기, 몸단장해 주기 등은 인간 영아의 사회적 적응을 촉진시키는 부모의 양육행동의 일부가 된다. 또한 돌보는 사람의 신체적 터치는 영아의 전반적인 발달과정에 걸쳐 중추적인 기능을 한다.

이처럼 여러 기능을 하는 엄마의 신체적 터치의 중요성을 Still-Face 패러다임과 Non Still-Face 패러다임을 통해 알아보았

다. 즉, 신체적 터치가 엄마-영아 상호작용에서 어떤 역할을 하
는가를 알아봄으로써 양육 현장에서 엄마의 신체적 터치의 중요
성을 살펴보았다. 따라서 생의 초기 양육 현장에서 두드러지게
나타나는 엄마의 접촉이 어린 영아에게 어떠한 역할을 하는가가
제시되었다.

　　2장에서는 걸음마가 시작되면서 걸음마기 유아가 직면하는
다양한 사회적 상호작용에서 나타나는 신체적 터치 유형의 의사
전달적 기능을 알아보았다. 엄마의 신체적 터치는 영아를 달래는
등의 내적 상태를 조절할 뿐 아니라 의사전달적 기능을 할 수 있
다(Peláez-Nogueras et al., 1997). 자연스런 상호작용에서 엄마들은
여러 유형의 신체적 터치를 하는데, 흔히 상호작용 동안 55~99%
정도 영아를 접촉한다(Jean, Stack, Girouard, &, Fogel, 2004). 상호작
용 시간의 15%는 영아에게 편하게 손을 대고 있었고, 30% 정도
는 쓰다듬거나 어루만지기 등을 했으며, 16%는 간질이기나 찌르
기 등의 유형으로 접촉을 했다. 또, 16% 정도는 부드러운 움직임
으로 접촉(가령, 발을 들어올리거나, 느리게 율동적인 형태로 팔을 움
직여 주기 등)을 했으며, 9% 정도는 강렬한 움직임으로(가령, 빠른
속도로 팔과 다리를 움직여 주기 등) 접촉을 했다.

　　일부 연구에서 보면 엄마들은 다른 어떤 감각을 사용하지 않
고 오직 여러 유형의 접촉을 통해 영아들에게 다양한 반응을 유

발시켰다. 이처럼 접촉 유형의 특성에서 차이를 보인다면 각각의 신체적 터치 유형은 다른 메시지를 전달할 것이다. 아마도 영아가 태어나는 시점부터 신체적 터치는 엄마-영아 상호작용 동안 의사전달의 중요한 통로가 되는 것 같다.

엄마의 신체적 터치는 영아에게 여러 정서, 가령 부적 정서, 정적 정서 및 개별화된 정서와 엄마의 존재 여부를 알려 주는 특별한 정보를 전달함으로써 엄마-영아 상호작용이 의사전달의 수단으로 기능한다. 따라서 영아가 신체적 터치로부터 의미를 어떻게 습득하는가에 대해 초점을 두고, 3가지 심리학적 방식인 직접적 지각, 학습, 그리고 인지적 과정을 통해 신체적 터치가 어떻게 의미를 갖게 되는가를 살펴보았다.

3장에서는 엄마의 다양한 신체적 터치 유형과 빈도가 애착 발달에 미치는 영향에 대해 살펴보았고, 초기 양육에서 엄마의 신체적 터치가 이후 영아의 사회성 발달과 어떤 관련을 보이는가를 자세히 살펴보았다. 엄마와의 신체적 터치는 영아가 안전감의 상태에 있으므로 환경의 위험으로부터 안전하다는 것을 영아에게 알리는 신호가 된다. 특히 애착 대상과의 신체적 터치는 영아가 안전하다는 궁극적인 신호다(Main, 1990). 애착이론가들에 의하면 영아가 내적 작업모델을 발달시키고 작업모델에서 영아는 돌보는 사람-영아의 상호작용적 역사를 표상하게 된다(Bretherton,

Biringen, Ridgeway, & Maslin, 1989; Sroufe, 1996). 가령, 스트레스 상황에서 돌보는 사람이 유용한 사람으로 표상되는 내적 작업모델은 안전 애착관계를 이끄는 반면, 돌보는 사람이 유용하지 않거나 비일관적으로 반응하는 사람으로 표상되는 내적 작업모델은 불안전 애착관계를 초래한다는 것이다. 즉, 영아가 고통을 받고 있을 때 돌보는 사람이 민감하다면 영아에게 적절한 신체적 터치를 제공할 것이며, 그럼으로써 영아의 고통은 감소된다. 그러나 덜 민감한 양육자는 영아에게 마지못해 신체적 터치를 하거나 또는 어설프게 하는 경향이 있으므로 영아에게 안정감을 전할 수 없다.

이처럼 엄마와의 친밀한 신체적 터치는 영아가 고통이나 불편함을 대처하도록 도와주는 데 있어서 다른 감각양식보다 더 영향력이 있으므로(Hunziker & Barr, 1986), 높은 수준의 신체적 터치는 긍정적인 안전 애착과 관련된다. 또한 이러한 접촉 빈도와 유형에서 문화에 따라 어떤 차이를 보이는가를 간략히 살펴보았다. 가령, 일본 엄마와 한국 엄마는 조용하고 달래는 양육적 접촉 유형을, 미국 엄마는 돌발적이고 자극적이며 두드리거나 찌르는 등의 거친 접촉 유형을 더 사용했으며, 엄마가 아빠보다 신체적 터치를 더 많이 했다.

이런 사실을 통해 양육 현장에서 엄마의 신체적 터치가 초기

엄마-영아 간 상호작용의 통합적인 구성성분임을 알 수 있다. 따라서 생의 초기에 영아에 대한 엄마의 신체적 터치는 영아를 돌보는 핵심 성분이며 의사소통의 통로로서 영아의 사회성 발달에 영향을 주는 요인이 될 뿐 아니라 이후 성인기에 이르기까지 대인간 의사전달의 수단 그리고 정서적 공감대 형성의 토대가 되는 것이다.

한편 이 책의 2부에서는 공동주의를 살펴보았다. 아기의 일상에서 다른 사람과 함께 제3의 물체에 주의를 기울이는 상태를 공동주의라고 하는데, 아기가 공동주의를 한다는 것은 아기와 엄마, 둘만의 세계에 제3의 물체가 개입되기 시작하였음을 의미한다.

4장에서는 엄마-영아 상호작용에서 공동주의의 중요성과 구성요소를 살펴보았다. 영아기의 상호작용은 월령 증가에 따라 엄마와 아기 사이의 면 대 면 2자적 상호작용에서 점차 제3의 대상을 포함하는 삼자적 상호작용의 형태로 변화한다. 이때 제3의 외부 대상을 중심으로 하여 다른 사람들과 의사소통하는 능력은 중요한 사회적 기술 중 하나다. 이를 통해 인간은 타인의 지식과 기술을 학습하고 이용할 수 있게 되기 때문이다. 발달심리학에서 주요한 문제 중 하나는 이와 같은 공동의 혹은 타인의 지식에 어린 영아들이 어떻게 참여할 수 있게 되는가다. 우리 성인들은 언어라는 상징체계를 사용하여 외부 대상에 대해서 의견을 공유하기도 하고 상호작용을 하기도 하지만 아기들은 아직 언어를 습득하기 이전이므로 성인처럼 원활하게 언어적 의사소통을 할 수는 없다. 이때 사회적 학습이 일어나는 맥락이 바로 공동주의다. 공동주의는 언어를 사용하지 못하는 영아들에게 가장 중요한 의사소통적 수단인 동시에, 외부 세계의 참조물(referent)을 중심으로 하는 상호작용과 학습에 기저하고 있는 중요한 과정이라 할 수 있다.

5장에서는 영아기 공동주의의 발달 양상을 기술하였다. 아기는 매우 일찍부터 엄마와의 면 대 면 상호작용에 반응적으로 행동한다(Jaffe, Beatrice, Stanley, Crown, & Jasnow, 2001). 예컨대, 출생 후 월령이 증가할수록, 엄마가 다른 곳을 보고 있을 때에 아기의 웃음 빈도가 점차 감소한다. 이후부터는 이러한 영아기 초기 성인과의 2자적 상호작용에 외부 대상이 개입된 3자적 상호작용이 점차 발달하게 된다. 바로 공동주의다. 영아기 후반부로 갈수록 이러한 상호작용이 일어나는 동안 아기들은 더 빈번하게 성인의 시선을 따르고, 성인과 공유된 주의에 더 오래 개입하며, 성인의 주의를 이끌거나 다른 사람으로부터 특정 반응을 이끌어 내는 기능을 하는 다양한 의사소통적 몸짓들을 보다 효과적으로 보여 준다.

6장에서는 영아기 공동주의가 이후 발달에 미치는 영향을 살퍼보았다. 공동주의는 영아기에 국한되어서뿐만 아니라 이후 발달단계에서의 다양한 영역의 발달과 관련이 있기 때문에 그 중요성이 부각되어 왔다. 공동주의는 무엇보다 언어 및 사회인지 발달과 밀접한 관련이 있다. 언어적 측면에서 공동주의는 아기의 단어 학습이 용이하게 이루어질 수 있도록 하는 일종의 맥락으로서 기능하며 공동주의에 포함된 다양한 인지 및 사회적 발달의 핵심적 요소는 이후 사회인지, 특히 마음이론 발달에 반드시 필요한 기본 능력이라 할 수 있다.

　7장에서는 영아기 공동주의 발달과 발달장애 간 관련성을 알아보았다. 공동주의는 어휘폭발을 가능하게 하며 이는 '한 번에 한 단어 이상의 발화'의 기반이 되며, 초기 문법과 상관이 높은 것으로 알려져 왔다. 그런가 하면 보다 일반적으로 공동주의는 특히 사회인지 능력의 발달과 밀접하게 관련된다. 실제로 Charman 등(2001)은 20개월 된 아기들이 보이는 공동주의 행동이 44개월에서의 마음의 이론 능력을 예측한다고 보고하였다. 따라서 영아기 발달에서 공동주의 능력의 출현과 발달의 개인차는 이후 발달의 어려움을 예측할 수 있는 중요한 준거로 활용될 수 있다.

　8장에서는 영아기 공동주의 발달과 관련 변인을 살펴보았다. 비록 공동주의가 영아기 전반에 걸쳐 발달하고 특정 시점에서 공통적으로 공동주의의 양에서 폭발적인 증가가 나타나기는 하지만, 공동주의에서의 개인차 역시 존재한다. 공동주의를 엄마와 영아의 대상을 사이에 둔 삼자적 상호작용이라고 본다면, 상호작용에 참여하는 영아의 특성이 공동주의에서의 개인차와 관련된다. 이러한 변인으로는 기질과 타인의 주의적 관계에 대한 이해를 들 수 있다. 한국 아기들을 대상으로 한 연구에서 기질과 공동주의 간 상관은 어린 월령에서는 나타나지 않았으나 월령이 증가함에 따라 점차 강력해지는 경향이 있었다. 또한 다른 사람의 주의적 관계를 잘 이해하는 영아일수록 엄마가 자신의 주의 대상에 주의를 기울이는 지지적 공동주의를 할 때, 이를 바로 이해하고 주의상태를 통합시키는 경향이 있다. 한편 영아기 공동주의와 관련된 엄마 변인에 대한 연구들은 공동주의가 엄마와 같은 주요 양육자와의 상호작용을 통해 발달된다는 점에서 주로 사회적 파트너로서의 엄마의 양육 특성 혹은 상호작용 행동의 특성을 탐색했다. 일반적으로 엄마가 상호작용 과정에서 아기가 보이는 반응에 민감하여 필요할 때 적절하게 비계화할수록 아기가 더 좋은 공동주의 기술을 보인다. 정윤경과 곽금주(2005)의 연구에서는 자유 놀이 상황에서 나타난 영아의 연속적 주의상태들의 전후 관계를 분석한 결과, 모든 월령 집단에서 협응적 공동주의 바로 이전에 가장 빈번하게 발생한 주의 상태는 지지적 공동주의였다. 이러한 결과는 공동주의 발달과 관련된 어머니의 상호작용적 특성을 밝혀 주는 것으로 해석될 수 있다. 즉, 아기가 어떤 대상에 흥미를 느끼고 주의를 집중하고 있을 때, 엄마가 함께 바라보면서 영아를 기다려 주는 것이 아기의 공동주의 발달에 효과적일 수 있다는 것이다.

　앞서 언급한 바와 같이 엄마와 아동 간의 상호작용은 영유아기 발달에 가장 핵심적인 역할을 한다. 그럼 다음 장에서는 보다 구체적으로 신체적 터치와 공동주의를 통해 어떻게 그러한 발달이 이루어지는지 살펴보도록 하겠다.

1. 엄마-영아 상호작용에서 신체적 터치의 중요성

신체적 터치는 우리가 가지고 있는 감각 중 가장 사회적인 감각이다. 보고, 듣고, 냄새를 맡고, 그리고 맛을 보는 것들은 각각의 감각 기능 하나만으로 기능을 수행할 수 있는 것들이지만 신체적 터치는 전형적으로 또 다른 사람과의 상호작용을 포함하고 있다. 일반적으로 생의 초기부터 엄마는 영아를 가슴에 안고 잠재우기도 하고 달래서 아기의 불안을 감소시키기도 하며 껴안음으로써 포근함과 애정을 증가시키기도 한다.

이처럼 영아와 엄마는 신체적 터치를 통해 서로의 의사를 전달하고 의도를 파악하면서 사회적 상호작용을 하게 되므로 (Hertenstein, 2002), 엄마-영아 상호작용에서 빈번히 나타나는 신체적 터치는 의사전달 체계의 일부분이 된다(Ferber, Feldman, & Makhoul, 2008). 무엇보다도 돌보는 사람의 신체적 터치는 영아의 전반적인 발달과정에 걸쳐 중추적인 기능을 한다. 즉, 생리적으로는 영아의 성장과 몸무게를 증가시키는 데 기여하며(Field, 2001), 심리적으로는 영아 자신과 타인을 탐색하는 수단이 되고, 돌보는 사람과 정서를 주고받으며 강력한 연합을 확립시킨다 (Stack, 2004). 특히 돌보는 과정에서 영아에 대한 신체적 터치는 생의 초기 뇌 발달에 영향을 준다.

영아를 둘러싼 환경의 세부적인 특성들은 어린 영아의 신경 행동적 발달을 형성하는 데 도움을 주는데, 이런 특성 중 엄마의 돌봄으로부터 받는 신체적 터치가 영아의 신경 행동 조직화에 영향을 준다(Larsson, 1994; Weiss, 1991). 즉, 영아가 받는 신체적 터치는 영아기 뇌의 하드웨어 발달에 중요한 역할을 한다. 동물을 대상으로 진행된 연구에서 보면 생의 초기에 받는 촉각적 경험이 대뇌피질의 크기에 영향을 주었고 뇌의 신경세포 간의 연결 형태와 수에 영향을 주었다(Nudo, Milliken, Jenkins, &, Merzenich, 1996). 따라서 신생아의 뇌는 엄마와의 신체적 터치로부터 오는 감각과 운동 자극을 통해 발달한다고 해도 과언이 아니다.

최근 들어 영아와 아동의 건강한 발달에 기여하는 부모의 촉각적 자극에 대한 관심이 모아지면서 돌봄의 과정에서 나타나는 신체적 터치의 기능 및 역할이 무엇인가에 대한 연구들이 활발히 진행되고 있다. 신체적 터치가 갖는 의미는 계통발생학적으로 진화해 온 것으로, 다양한 사회적 관계 속에서 대인간 연결을 이끄는 기능을 하며(Schiefenhovel, 1997), 심리적 안정에 필요한 정서적 지지의 토대가 되기도 한다(Stack, 2001). 따라서 이 장에서는 신생아기와 영아기 엄마와의 상호작용에서 엄마의 신체적 터치가 갖는 중요성을 살펴볼 것이다.

1) 신생아기 신체적 터치

　신생아를 돌보는 엄마의 신체적 터치 형태는 오랫동안 괄목할 만한 주목을 받아 왔다. 여러 종의 신생아들을 핥아 주는 행위는 어린 종의 생존에 필수적인 기능을 하며(Montagu, 1986), 또 다른 형태의 신체적 터치인 안기, 안고 이동하기, 몸단장 해 주기 등은 인간 영아의 사회적 적응을 촉진시키는 부모의 양육행동의 일부가 된다.

　영아에 대한 엄마의 신체적 터치는 다양한 하위 유형을 포함하는 중·다 차원적 현상이며 특히 생의 첫 달 동안에 어린 영아 발달에 영향을 준다. 가령, 애정 있는 신체적 터치의 더 높은 수준은 영아의 인지적 그리고 신경 행동적 발달과 긍정적 관련을 보일 뿐 아니라 이런 접촉을 함으로써 엄마들도 양육에 더 잘 적응할 수 있었다. 또한 엄마가 신생아들과 애정 있게 접촉할수록 어린 영아들은 더 많이 웃었고 옹알이를 더 많이 했다(Ferber et al., 2008). 이처럼 엄마의 부드러운 신체적 터치는 신생아와 엄마 모두에게 긍정적 영향을 주면서 서로 간 정서적 유대감 형성에도 도움을 준다.

　신생아기 신체적 터치의 중요성은 여러 연구들을 통해 강조되었다. 엄마들이 어린 아기를 어떻게 접촉하는가를 살펴보았더니 엄마들은 아기를 접촉할 때 처음에는 아기의 손발을 그리고 몸을 손가락 끝으로 만지고 난 후 손바닥으로 만졌는데 이런 형태의 접촉은 약간 손동작이 느리기는 했으나 임신 경험이 없는 여성들에게서도 나타났으며(Klaus, Kennell, Plumb, & Zuelke, 1970), 아빠들도 이런 순서로 어린 아기를 접촉한다(Yogman, 1982). 이처럼 성인들이 어린 영아를 접촉하는 데 있어서 비슷한 패턴을 보이고 있다.

엄마들은 이런 촉각적 접촉만을 통해 매우 이른 시기부터 자신의 아기를 구별해 낼 수 있었는데, 분만 후 5~79시간 내에 눈을 가리고 스카프로 코도 가린 상태에서 신생아의 손ㆍ등만을 쓰다듬으면서 구별할 수 있었다(Kaitz, Meirov, Landman, & Eidelman, 1993). 이와 같이 어린 신생아를 접촉하는 상황에서 엄마 외의 여러 사람들이 비슷한 패턴으로 영아를 신체적 터치했으며, 특히 이런 신체적 터치로 어린 자녀와 상호작용을 하면서 엄마들은 자녀가 가지고 있는 특별한 촉 감각적 특징을 학습하는 것 같다.

그런데 분만 후 곧바로 신생아와 신체적 터치를 경험한 엄마들은 2~4일 후에 자녀를 더 애정 있게 보살펴 주는 행동을 더 많이 했다. 가령, 영아의 신체를 문질러 닦아 주거나(rubbing), 흔들어 주거나(rocking), 단순히 접촉하거나(touching), 또는 잡는 등의 접촉행동을 하면서 영아를 주의 깊게 보살펴 주었는데(Carlsson,

Fagerberg, Horneman, Hwang, Larsson, Rodholm, Schaller, Danielsson, & Gunderwall, 1978), 아마도 출산 후 곧바로 자녀를 접촉했던 경험이 이후 자녀를 더 잘 돌보는 양육행동과 어떤 관련을 보이는 것 같다.

출생 후 몇 일간 어머니의 촉 감각적 접촉을 담은 비디오를 분석 해보니, 젖을 먹이는 8분 동안 실용적인 접촉이 주로 나타나는데, 가령, 아기의 입을 닦아 주기, 트림을 위해 등 쳐 주기 등을 한 다음, 얼굴과 손 등을 접촉하였다(Robin, 1982). 아마도 엄마들의 이런 접촉행동은 어린 신생아가 환경에 잘 적응하여 건강하게 생존할 수 있도록 해 주는 보살핌의 일부가 되며, 이러한 접촉을 포함한 보살핌은 이후 엄마-영아 간 유대감 형성에도 긍정적인 토대가 된다.

한편 일부 연구가들은 출생 후 성인이 제공하는 마사지에 대해 신생아들은 어떤 반응을 보이는가를 알아보았다. 남아시아에서 여성들은 매일 자신의 영아를 마사지한다. 이런 마사지는 영아의 뼈 골격을 단단히 해 주고 운동과 협응 능력을 촉진시키며 공포심도 감소시키는 기능을 한다는 것이다(Reissland & Burghart, 1987). 특히 신체적 터치를 포함한 마사지나 촉각적 자극이 신생아, 특히 조산아의 성장을 촉진시키는 데 효과적이다(Scafidi, Field, Schanberg, Bauer, Vega-Lahr, Garcia, Power, Nystrom, & Kuhn,

1986). 가령, 조산아의 몸무게 증가와 칼로리 섭취가 촉각적 자극으로 증가되었다(Phillips & Moses, 1996; Watt, 1990).

캥거루 care나 skin-to-skin holding은 1970년대 콜롬비아의 보고타에서 시작되어, 1980년대 말 미국에 소개된 치료법이다. 이것은 부모의 가슴에 천을 대고, 예정일보다 일찍 태어난 영아를 안는 방법으로, 심장 박동, 호흡률, 열 조절 등의 생리적 영역에서 긍정적 효과를 보였다(Anderson, 1995). 다른 연구(Ludington-Hoe & Swinth, 1996)에서도 이런 처치를 받은 영아가 발달적으로 더 향상된 결과를 보였음이 보고되었다.

마사지 처치를 받은 영아는 더욱 깨어 활동적이 되고, Brazelton 척도에서 더 성숙한 행동을 보였으며(Scafidi et al., 1986), 평온한 상태를 유지했고 짜증을 덜 냈다(Phillips & Moses, 1996). 보충적으로 촉각적 자극 프로그램에서 처치 받은 영아는 처치 받지 않은 영아들보다 더 빠르게 먹고, 일찍 퇴원하였으며 15개월에 더 진전된 인지 발달을 보였다(Roiste & Bushnell, 1996). 그러나 이러한 인지 발달의 진전이 다른 요인으로 인해 야기된 것일 수 있으므로 어린 영아에 대한 마사지 효과는 조심스럽게 언급되어야 할 필요가 있다.

왜냐하면 마사지 처치에 대한 유익한 결과에도 불구하고 특히 아주 어린 아기에게 실행하는 이런 기법에 대해서는 논쟁이 계속되고 있기 때문이다. 최근에는 이런 기법이 누구에게 더 효과적이며, 더 적절한가에 대해 연구의 초점이 모아지고 있다. 분명하게도 테리 천 자극이나 마사지 요법이 만기에 태어난 신생아에게 유익한지는 확실치 않다. 무엇보다도 조기에 태어난 미성숙한 영아를 위한 마사지 처치 프로그램이 정상적으로 건강하게 만기에 태어난 신생아에게 적용되는 문제는 분명히 신중히 고려되어야 한다.

2) 영아기 신체적 터치

　신생아기 이후 초기 영아기에 영향을 주는 신체적 터치에 대한 연구가 집중적으로 진행되었다. 앞서 언급되었듯이, 엄마의 신체적 터치는 초기 영아기 발달의 생리적, 행동적 반응을 조절시킨다(Brazelton, 1990). 가령, 신체적 터치는 영아의 경계 상태를 유지시켜, 따분함을 감소시키는 등의 행동 상태, 즉 각성 상태를 통제하는 데 도움을 주며 아기를 달래기 위한 효과적 자극이 되기도 한다(Birns, Blank, & Bridger, 1966; Korner & Thoman, 1972). 또한 신체적 터치는 영아를 자극하여 의사전달을 유발시키고 유지시킬 수 있다(Brazelton, 1984).

　영아들은 신체적 터치를 통해 돌보는 사람과 의사소통을 한다. 가령, 위험한 도구를 만지려 할 때 엄마가 기습적으로 영아 손을 잡는 것은 영아로 하여금 도구를 만지지 못하게 하는 기능을 하며, 위험 상황에서 영아의 몸통이나 다리를 잡는 것 등은 더 이상 영아를 움직이지 못하게 한다. 영아는 이런 일상에서의 접촉을 통해 엄마의 의도를 파악하면서 행동 조절을 학습할 수 있게 된다(Hertenstein, 2002).

이처럼 엄마의 신체적 터치는 영아의 생리적 행동과 정서적 반응에 영향을 주면서, 엄마-영아 간 유대관계 형성에 영향을 준다. 기거나 걸음마를 시작하면서 영아들이 접하는 사회적 상황은 이전보다 광범위해진다. 따라서 영아기의 다양한 사회적 상호작용 맥락에서 일어나는 엄마의 신체적 터치의 역할에 대해 살펴볼 것이다. 엄마-영아 간 상호작용에서 엄마의 신체적 터치의 역할만을 알아보기 위해 고안된 Still-Face 절차와 일상적인 엄마-영아 간 상호작용에서 엄마의 신체적 터치의 역할에 대해 살펴봄으로써 신체적 터치의 중요성을 알아 볼 것이다.

(1) 'Still-Face' 절차를 사용한 사회적 맥락에서 신체적 터치의 역할

신체적 터치는 엄마와의 상호작용과 놀이 장면에서 엄마의 음성과 시각적 표현과 더불어 나타난다. 면대면 상호작용은 영아의 사회적 의사전달을 연구하기 위해 사용된 일차적 수단 중의 하나로(Kaye & Fogel, 1980), 짧은 상호작용 동안에 엄마의 신체적 터치가 33~61% 정도가 나타나는데도 이전 연구에서는 엄마와 영아의 안면 표정과 음성적 반응만을 분석했다.

초기 상호작용에서 신체적 터치의 중요성을 확인하기 위해서는 엄마의 촉각적 자극이 시각과 음성 자극으로부터 분리되어야 한다. Still-Face 패러다임(Tronick, Als, Adamson, Wise, & Brazelton, 1978)은 면대면 상호작용을 변경한 것으로, 신체적 터치의 중요성을 검사하기 위한 도구이며 3단계로 구성된다(곽금주, 김수정, 정윤경, 2005 참조). 1단계(90~120초)에서 엄마는 안면 표정, 음성, 그리고 신체적 터치를 사용해 정상적으로 상호작용한다(정상적 상호작용). 2단계(90~120초)에서 엄마는 중립적이고, 무 반응적이고 무 표정한 얼굴(still face)을 보이면서, 음성적 자극이나 촉 감각적 자극을 제공하지 않는다(SF 시기). 3단계(90~120초)에서 다시 정상적인 상호작용을 한다.

정상적인 상호작용 단계인 1, 3단계와 비교했을 때, SF(Still-Face)단계에서 영아는 엄마를 응시하거나 미소 짓는 반응이 감소하며(Gusella, Muir, & Tronick, 1988; Mayes & Carter, 1990), 중립적 반응과 음성적 반응이 증가된다(Ellsworth, Muir, & Hains, 1993; Stack & Muir, 1990). Gusella 등(1988)은 상호작용 단계에서 엄마의 신체적 터치를 받은 영아와 단지 엄마의 얼굴과 목소리만을 보고 들은 SF단계에서 영아 반응을 비교하였다. 결과에 의하면 실험집단의 3개월 된 영아는 정상적 단계에서보다 SF 단계에서 엄마를 덜 보고, 덜 웃고, 덜 응시하는 SF 효과를 보였다. 그런데 이 영아들이 정상적 상호작용 단계에서 엄마의 신체적 터치를 부분적으로 받았을 때, 덜 웃고, 덜 응시하며, 주의력이 감소되는 SF 효과를 보였다. 이처럼 정상적 상호작용에서조차 신체적 터치를 제한했을 때 영아들은 SF 단계에서 보이는 반응들을 보였는데, 이는 엄마-영아 상호작용에서 신체적 터치가 얼마나 중요한가를 보여 주는 것이다.

Field 등(1986)의 연구에서 보면 4개월 된 영아는 SF 단계에서 스트레스를 강하게 보였다. 그러나 신체적 터치를 추가적으로 받은 영아는 스트레스를 받지 않았고, 미소 반응을 많이 보였으며, 정상적 상호작용에서 나타나는 높은 수준의 응시 반응을 유지했다(Stack & Muir, 1990). 이는 엄마의 신체적 터치가 영아에게서 긍정적 정서와 주의를 유발시킴으로써 SF 효과를 완화시킬 수 있음을 제시하는 것이다. 후속 연구에서도(Stack & Muir, 1992) 낯선 여성의 촉각적 자극이 SF 효과를 조절했을 뿐 아니라 영아의 정적 정서를 증가시켰다. 이처럼 엄마의 신체적 터치가 영아에게 고통스런 스트레스를 주는 상황인 SF 단계에서 영아들의 부적 정서를 완화시키는 효과가 있는 것이다.

　　또한 엄마의 신체적 터치를 통해 영아들은 주의를 집중시키거나 전환시킬 수 있었을 뿐 아니라 촉각적 감각 양식을 통해 제시된 유관관계를 지각하고 학습할 수 있다. LePage(1998)는 신체적 터치를 포함시킨 SF 단계의 변경된 방법을 사용하여 촉각적 유관성을 지각할 영아의 능력을 조사하였다(LePage & Stack, 1997). 유관 조건의 영아는 실험자의 중립적 얼굴을 응시할 때 표준화된 촉각적 자극을 강화 받은 반면, 비유관 조건의 영아는 자신의 행동과 상관없이 같은 촉각적 자극을 강화 받았다. 결과에 의하면 유관 조건의 모든 영아는 유관성을 학습하여 비유관 조건의 영아에 비해 실험자의 얼굴을 더 응시했다. 이는 4~7개월 된 영아가 성인-영아 상호작용에서 촉각적 감각 양식을 통해 제시된 유관관계를 지각하고 학습할 수 있음을 시사하는 것이다. 따라서 이 시기의 영아는 신체적 터치에 민감하고 접촉에 의해 강화 받는다는 것을 알 수 있다.

　　지금까지 엄마-영아 상호작용에서 엄마에 의해 제공되는 신체적 터치의 역할을 SF 절차를 통해 알아보았다. 즉, 신체적 터치는 영아의 정적 정서와 주의력을 증가시키며 부적 정서를 감소시킨다. 또한 영아는 신체적 터치를 통해 제시된 유관관계를 학습할 수 있었다. 이처럼 양육 현장에서 엄마의 신체적 터치는 영아의 정서를 조절하며 주의집중도 증가시키는 역할을 하는 것을 알 수 있다. 그러나 일상생활에서 나타나는 엄마-영아 상호작용은 여러 감각 자극이 동시에 제공된다. 즉, 신체적 터치는 시각적, 청각적 감각양식과 동시에 발생하는 자극이다. 따라서 신체적 터치를 포함한 중다 감각을 측정하는 엄마-영아의 상호작용에서 촉각적 감각의 역할이 무엇인가를 알아보는 것이 필요하다.

(2) '중다 감각을 측정하는 Non-Still-Face' 절차에서 신체적 터치의 역할
사회적 맥락에서 엄마와의 상호작용은 영아에게 신체적 터치를 포함한 다양한 감각 자극을 경험하게 함으로써 영아의 신체·정서·사회적 발달을 도와준다. 이러한 엄마로부터 제공되는 여러 감각 자극 중 어떤 감각 자극을 영아가 더 선호하는지를 알아보기 위해 다음과 같은 연구가 진행되었다(Roedell & Slaby, 1977). 6개월 된 영아에게 다른 방식으로 상호작용하는 3명의 성인을 제시했는데, 한 성인은 영아와 일정 거리를 둔 상태에서 영아에게 미소 짓고, 이야기하며, 노래하고, 안면 표정을 지었고, 두 번째 성인은 영아를 안아 주고, 툭툭 두들겨 주며 어루만지지만 중립적인 얼굴로 침묵했다. 나머지 성인은 침묵하고 무반응적이며, 눈도 맞추지 않았다. 3주가 지나면서 영아는 첫 번째 성인 가까이에서 더 많은 시간을 보내는 반면, 두 번째와 중립적 성인에게는 가지 않았다. 영아들은 단순히 접촉 자극만을 주는 성인

보다 여러 감각 자극을 제공해 주는 성인을 더 선호하였다.

　이와 같이 엄마의 신체적 터치가 영아기 발달에 중요한 기능을 하여도 촉 감각적 자극은 엄마에 의해 제공되는 다른 중다 감각 자극과 더불어 일어나면서 영아에게 더욱 적절한 보살핌으로 작용한다(Peláez-Nogueras, Gewirtz, Field, Cigales, Clasky, & Sanchez, 1996b). 또한 엄마와의 상호작용에서 영아는 율동적인 신체적 터치를 율동적이지 않은 것보다 더 선호하였고 엄마의 신체적 터치에다 얼굴 표정과 음성이 더해질 때 더 반응적이 되었다(Peláez-Nogueras, 1995).

　이런 맥락에서 유관 조건에 근거한 기법으로 영아의 도구적 행동과 사회적 미소에 대한 선호를 측정하는 연구가 진행되었다(Peláez-Nogueras et al., 1996b). 이 연구에서는 신체적 터치, 목소리, 그리고 미소를 포함하는 성인의 복합적인 자극의 효과와 신체적 터치를 포함하지 않는 자극의 효과를 비교하였다. 결과에 의하면 영아는 접촉이 있는 조건에서 더 미소 짓고, 소리를 냈으며, 덜 울고 덜 저항했다. 즉, 신체적 터치가 다른 감각과 더불어 제시되었을 때 영아의 주의집중과 미소 그리고 음성 반응을 더 증가시킬 수 있었다. 이처럼 영아가 직면하는 사회적 상호작용에서 엄마나 돌보는 사람에 의해 제공되는 다른 감각 자극과 동시 발생적으로 제공되는 촉각적 자극이 영아의 주의집중과 미소 그리고 음성을 더 효과적으로 강화한다는 것을 알 수 있다.

형태학상으로 여러 가지 미소 유형과 미소가 유발되는 사회적 맥락(가령, 부모-여아 상호작용은 대상 놀이, 신체 놀이, 음성 놀이와 책 읽기) 간의 관계가 조사되었는데(Dickson, Walker, &, Fogel, 1997), 촉각적 자극을 포함하는 신체 놀이는 형태학상으로 여러 가지 미소보다 더 많은 웃음을 유발시킨다. 일상에는 신체적 터치가 포함된 부모-영아 게임 놀이가 많이 있은데, 그중에서 엄마와의 손바닥을 마주치는 pat-a-cake 짝짜꿍 놀이는 영아의 미소를 강하게 유발시킨다. 즉, 엄마와 손바닥을 대는 접촉만으로도 영아의 미소가 강하게 유발되었다.

이처럼 엄마-영아 상호작용에서는 엄마의 중다 감각 자극이 영아에게 제공되는데, 이런 복합적인 감각 자극이 양육의 주요 성분이 되지만, 엄마들은 단지 신체적 터치만으로도 영아의 긍정적 반응과 주의력을 증가시킨다(Wolff, 1963). 이는 엄마의 여러 감각이 제공되어지는 상황에서도 엄마의 접촉 감각이 다른 어떤 감각보다도 영아의 정적 정서를 이끌어 내는 데 효과적인 감각임을 제시하는 것으로, 이를 통해 엄마-영아 상호작용에서 신체적 터치의 중요성을 알 수 있다.

지금까지 영아기 신체적 터치의 중요성을 SF 절차를 사용한 엄마-영아 상호작용을 통해서 알아보았고, SF 절차를 사용하지 않은 일상적인 상호작용에서도 신체적 터치의 중요성을 살펴보았다. 걸음마를 시작하면서 영아들이 직면하는 사회적 맥락은 다양해진다. 여러 양육 상황마다 엄마들은 여러 종류의 신체적 터치를 통해 영아와 상호작용을 하게 되는데, 상황마다 사용되는 다양한 신체적 터치 유형을 통해 신체적 터치의 의사전달적 기능에 대해 살펴볼 것이다.

2. 영아기 신체적 터치의 의사전달 기능

엄마의 신체적 터치는 영아를 달래는 등의 내적 상태를 조절할 뿐 아니라(Montagu, 1986), 의사전달 기능을 할 수 있다(Peláez-Nogueras et al., 1997). 기능주의자들의 입장에 의하면 의사전달은 여러 다른 통로를 경유하여 성취될 수 있는데, 일반적으로 의사전달의 두 가지 특정 통로로 청각(가령, 목소리)과 시각(가령, 얼굴)이 있다. 만약 이 감각양식이 의사전달에서 작용하면, 촉각적 감각양식도 영아에게 의사전달 기능으로 작용하는 것이 가능하다. 따라서 신체적 터치를 통해 의사전달이 가능할 수 있음을 가정할 수 있다. 우선 신체적 터치의 의사전달 기능을 살펴보기 전에 영아들이 직면하는 다양한 사회적 상황에서 엄마에 의해 제공되는 접촉 유형에 대해 살펴보기로 할 것이다.

1) 사회적 상황에서의 다양한 신체적 터치 유형

자연스런 상호작용에서 엄마들은 여러 유형의 신체적 터치를 하는데, 흔히 상호작용 동안 55~99% 정도 영아를 접촉한다 (Jean, Stack, Girouard, & Fogel, 2004; Stack & Muir, 1992). 상호작용 시간의 15%는 영아에게 편하게 손을 대고 있었으며, 30% 정도는 쓰다듬거나 어루만지기 등을 했으며, 16%는 간질이기/찌르기 등의 접촉 유형을 했고, 16% 정도는 부드러운 움직임으로 접촉(가령, 발을 들어 올리거나, 느리게 율동적인 형태로 팔을 움직여 주기 등)을 했으며, 9% 정도는 강렬한 움직임으로(가령, 빠른 속도로 팔과 다리를 움직여 주기 등) 접촉을 했다.

빈번한 간질이기/찌르기는 영아에게 혐오 자극을 유발시키나, 동시에 웃음을 유발시키고 경련을 일으키듯 반사적인 움직임을 유발시킬 수도 있기 때문에 영아에게 혼동을 일으키는 단서가 될 수도 있다. 반면에, 체계적인 쓰다듬기는 긍정적 정서를 증진시키고 영아의 주의를 집중시킨다. 비슷하게 쓰다듬기를 받은 영아는 간질이기나 찌르기를 받은 영아보다 미소를 더 짓고 소리를 더 내며, 덜 운다(Peláez-Nogueras et al., 1997).

엄마-영아 상호작용에서 간질이기와 뽀뽀하기는 짧은 시간에 사용되었으며, 명확히 구분되는 행동이다. 이런 모든 행동은 정서적으로 긍정적일 때 나타나는 반면, 찌르기와 꼬집기는 부정적 상태에서 나타나며 매우 드물게 나타난다. 이처럼 접촉 유형의 특성에서 차이를 보인다면 각각의 신체적 터치 유형은 서로 다른 메시지를 전달할 것이다. 가령, 부드럽게 껴안기의 접촉 유형은 '너는 안전해' 라는 의미를, 찌르기나 콱 치는 것과 같은 유형은 '너는 육체적으로 위협받고 있다' 는 메시지를 전할 수 있다 (Field, 1995a).

한 연구(Stack & LePage, 1996)에서는 엄마에게 약 5개월 된 영아와 상호작용을 하도록 시킨 후 영아에게 미소를 극대화시킬 것을 요구했을 때 엄마들은 더 활동적인 접촉 유형, 가령 간질이거나, 들어 올리기 등을 사용했으며 접촉 강도와 속도가 세고 빨랐다. 단지 신체의 한 부분을 접촉하도록 했을 때 쓰다듬는 신체적 터치 유형이 증가되고 흔들어 주는 접촉은 감소되었다. 이처럼 다른 지시를 받은 엄마는 짧은 기간에도 신체적 터치 유형을 변화시킨다. 엄마들은 다른 어떤 감각을 사용하지 않고 오직 여러 유형의 접촉을 통해 영아들에게 다양한 반응을 유발시켰다.

2) 의사전달 기능으로서의 신체적 터치

영아가 태어나는 시점부터 신체적 터치는 엄마-영아 상호작용 동안 의사전달의 중요한 통로다(Moszkowski & Stack, 2007; Stack, 2001; 2004; Tronick, 1995). 즉, 영아에 대한 엄마의 접촉은 엄마-영아의 총체적 의사전달 체계의 일부분이다(Ferber et al., 2008). 신체적 터치가 엄마-영아의 의사전달 체계에 필수적이긴 하지만, 상호작용 동안 일어나는 접촉의 역할에 대한 관심은 최근 들어 시작되었다. 앞서 잠깐 언급되었듯이, 시각과 청각이 의사전달로서 기능한다면, 촉각적 감각양식도 영아에게 의사전달되는 것이 가능하다.

청각장애를 가진 엄마의 접촉 유형을 연구한 결과에 의하면 3개월과 9개월 된 영아와 상호작용하는 청각 장애를 가진 엄마들은 영아의 몸을 자주 톡톡 두드렸다(Koester, Brooks, & Traci, 2000). 이런 톡톡 두드리는 접촉이 청각 장애 엄마들에게 두드러지게 나타난다는 것은 이런 접촉을 통해 자녀에게 자신의 의사를 표현하는 것으로 생각해 볼 수 있다. 또한 영아의 미소를 증가시키도록 요청받았을 때 엄마들은 높은 수준의 간질이기와 들어 올리기를 사용한(Stack & LePage, 1996) 반면, 영아를 달래는 것을 요청받았을 때는 쓰다듬기를 더 많이 사용했다(Arnold, 2002). 이런 결과들은 영아로부터 특별한 반응을 이끌어 내기 위해 특별한 유형의 접촉이 사용된다는 것을 시사하는 것이며, 이를 통해 다른 유형의 접촉들이 다양한 기능을 하고 있음을 알 수 있다(Jean & Stack, 2009).

　　신체적 터치의 기능은 아홉 가지로 분류해 볼 수 있다(Jean & Stack, 2009). 가령, 양육적 기능의 접촉 유형은 영아의 고통이 증가될 때 더 사용되는데, 이는 양육적 접촉 유형이 영아를 진정시키는 역할을 하고 있음을 제시하는 것이다(Moreno, Posada, & Goldyn, 2006). 이런 기능의 접촉 유형은 느린 속도로 진행되며, 전형적으로 뽀뽀하기, 쓰다듬기, 마사지 등이 이에 속한다. 엄마는 일반적으로 부드러운 목소리 톤으로 말을 하거나 영아의 정서나 행동을 인정할 때 이런 유형의 접촉을 사용했다. 이에 비해 놀이 기능의 접촉 유형은 매우 활동적이고 역동적이고 반복적이며 빠른 속도로 이루어진다. 흔히 간질이기, 흔들기, 껴안기, 들어 올리기, 이동하기, 영아의 팔다리를 구부리거나 뻗치기 등이 이에 속하며, 전형적으로 영아를 웃게 하기 위해 사용한다.

　　이와 같은 접촉 기능은 엄마-영아 상호작용에서 없어서는 안 될 중요한 의사전달적 그리고 역동적 특성을 갖는다. 즉, 영아의 정서와 주의집중에서의 변화 반응은 엄마가 하는 접촉 유형의 변화로부터 유발된다(Jean & Stack, 2009). 그러면 이러한 신체적

터치라는 감각을 통해 영아는 구체적으로 무엇을 전달받을 수 있
는가에 대한 질문이 제기될 수 있다.

신체적 터치라는 감각을 통해 돌보는 이의 행동 준비성에 대
한 정보가 영아에게 제공될 수 있다. 행동 준비성이란 행동하기
위한 개인의 준비를 언급하는 것으로, 신체적 터치로 영아에게
이런 준비성이 전달될 수 있다. 따라서 신체적 터치는 돌보는 이
가 미래에 어떻게 행동할 것을 영아가 예측하도록 돕는다. 구체
적으로 엄마의 신체적 터치는 영아에게 몇몇 정서와 특별한 정보
를 전달한다(Hertenstein, 2002).

(1) 신체적 터치는 정적 정서를 전달할 수 있고 유발시킬 수 있다

앞서 언급된, pat-a-cake 짝짜꿍 놀이는 영아에게 강렬하고
광범위한 미소를 유발시켰다(Peláez-Nogueras et al., 1996a; Wolff,
1963). 신체적 터치는 또 다른 형태의 강화 자극에 대한 정적 강화
치를 갖는다(Peláez-Nogueras et al., 1996b). 신체적 터치를 받은
1.5~3.5개월의 영아는 신체적 터치를 받지 않은 영아보다 더 많
이 웃고 소리를 냈으며 덜 울었다. 후속 연구에서는 2~4.5개월
된 영아들이 실험자에게 눈 맞춤을 할 때, 영아에게 간지럼을 태
우거나 손가락으로 찌르는 것과 쓰다듬기의 효과를 비교했다
(Peláez-Nogueras et al., 1997). 쓰다듬기의 신체적 터치를 받은 영

아들은 간질이기와 찌르기를 받은 영아보다 더 웃고 소리 내고 덜 울었다. 이런 결과는 신체적 터치의 특정 유형이 정적 정서를 유발시킬 수 있음을 제시한다. 또한 신체적 터치는 SF(still-face) 절차 동안 영아에게서 미소를 유발시킨다. SF 상황에서 엄마에게 신체적 터치 할 것을 지시를 했을 때, 신체적 터치를 받은 영아는 받지 못한 영아보다, 인상을 덜 찌푸리고 더 많이 웃었다. 이처럼 신체적 터치는 부적 정서를 조절할 뿐 아니라 정적 정서를 발생시킨다(Stack & Muir, 1990; 1992).

(2) 신체적 터치는 부적 정서를 전달할 수 있고 유발시킬 수 있다

16~20주 된 여아에게서 미소를 강화시킬 수 있는 다양한 자극들이 많이 탐색되었는데(Brossard & Decarie, 1968), 영아를 들어 올렸을 때 가장 효과적으로 강화되었으며, 영아의 배 부위에 약간의 압력이 느껴지도록 성인의 손을 누르듯이 올려놓았을 때(가령, 정적인 신체적 터치) 30초가 지난 후에야 비로소 영아는 미소를 보였다. 그러나 움직임이 고정된 유형의 신체적 터치를 받았을 때, 영아는 강한 긴장을 보였다. 따라서 신체적 터치의 일부 유형, 특히 고정된 형태의 정적 신체적 터치는 영아에게 혐오감의 부적 정서를 유발시킬 수도 있는 것 같다.

아마도 윤리적 문제 때문에 실험적으로 조사되지 않았지만 일부 연구에서 신체적 터치가 부적 정서를 유발시키고 대상을 향한 도구적 행동을 조절시킬 수 있음을 지적했다(Hertenstein & Campos, 2001). 가령, 엄마에게서 얼굴을 돌리면서 엄마 무릎에 앉아 있는 영아에게 어떤 대상이 제시될 때, 엄마는 손가락으로 영아의 배 부위를 갑자기 누르는 자극을 했다. 이때 영아는 부적 정서를 많이 보였으며, 바라본 대상을 덜 접촉했다. 이와 같이 특정 신체 부위를 움직임 없이 약간의 힘을 가하는 접촉 유형은 영아에게 부적 정서를 유발시킨다.

(3) 신체적 터치는 개별화된 정서를 전달할 수 있다

슬픔, 공포, 분노, 기쁨, 놀람, 혐오와 같은 정서는 접촉을 포함하여 얼굴과 목소리에 의해 전달될 수 있다(Walker-Andrews, 1997). 가령, 돌보는 이가 갑작스럽게 영아를 강하게 잡았다가 갑자기 놓아서 피부가 상대적으로 뜨거워짐을 느끼게 하는 접촉을 할 때, 이런 유형은 분노로 설명될 수 있으며 영아에게 분노를 전달할 수 있고 유발시킬 수도 있다.

(4) 신체적 터치는 영아에게 특별한 정보를 전달할 수 있다

신체적 터치는 영아에게 접촉하는 사람의 정체성이나 돌보는 이의 현존 또는 부재를 전달할 수 있다. 특히 엄마는 신체적 터치를 통해 영아에 대한 특별한 유의미성을 전달할 수 있으며, 이런 유의미성이 영아에게 전달되고 유발될 수 있다. 신체적 터치는 영아에게 아주 '특별한 메시지'를 전달할 수 있는데, 그런 메시지는 안면 표정과 같은 애정 표현의 다른 형태에 의해 전달되는 메시지만큼 특별하다(Tronick, 1995).

애착이론가들은 엄마-영아의 신체적 터치 특성을 영아의 안전감을 촉진시키기 위해 필요한 반응적이고 유용한 돌보는 행위의 중추적 특성으로 간주해 왔다(Ainsworth, Blehar, Waters, & Wall, 1978). 따라서 엄마의 신체적 터치 특성이 갖는 의사전달 기능에 근거하여 애착에 영향을 주는 신체적 터치에 대해서는 3장에서 자세히 살펴볼 것이다.

언급되었듯이 엄마의 신체적 터치는 영아에게 여러 정서와 엄마의 존재 여부를 알려 주는 특별한 정보를 전달함으로써 엄마-영아 간 의사전달의 수단으로 기능한다. 그러나 신체적 터치를 감각양식으로서 간주할 때, 각각의 접촉 유형이 의사전달의 여러 측면과 관련되어 있기 때문에 접촉의 특성(quality)과 매개변수(parameter) 둘 다를 고려해야만 한다.

3) 신체적 터치의 특성과 매개변수

엄마-영아 상호작용에서 능동적(또는 활동적) 형태의 신체적 터치와 비교하여, 수동적인(또는 정적인 움직임이 없는) 신체적 터치는 영아에게 부정적인 정서적 행동 배열을 초래시킨다(Stack & Muir, 1990; 1992). 그러나 촉각적 의사전달은 수동적 신체적 터치인가 아니면 능동적 신체적 터치인가를 파악하는 것보다 더 복잡하기 때문에 신체적 터치의 특성과 매개변수가 고려되어 설명되어야 한다. 신체적 터치의 특성이나 매개변수 등의 모든 구성성분이 함께 조직화되며 서로 상호작용하면서 의사전달 과정이 일어난다. 돌보는 사람의 신체적 터치 강도는 신체적 터치 부위에 의존하면서 매우 다른 결과를 초래시킨다. 가령, 돌보는 사람이 2cm가 들어갈 정도로 영아의 배 위를 누른다면 이는 미소를 유발시킬 수 있으나, 같은 신체적 터치를 얼굴에 했을 때는 혐오감이 초래될 것이다. 이처럼 신체적 터치의 특성과 매개변수에 따라 영아에게 야기되는 반응이 달라질 수 있으므로, 좀 더 자세하게 신체적 터치의 특징과 매개변수에 대해 살펴볼 것이다.

(1) 신체적 터치의 특성

신체적 터치의 특성이란 영아에게 수반되는 실제적인 촉각적 자극의 세부 특징들을 언급하는 것이다. 그러면 신체적 터치의 5가지 특성에 대해 살펴보자.

- **접촉의 유형**(Action): 접촉 유형이 부드러운 양육적 접촉인가 아니면 활동적이고 거친 접촉인가에 대한 특성을 말하는 것이다. 즉, 쓰다듬기, 흔들어 주기, 안기, 꼭 잡기, 들어 올리기, 꼬집기 등과 같은 특정한 움직임을 언급하는 것으로 유형에 따라 영아는 다른 영향을 받을 수 있다. 가령, 영아를 찌르는 것은 쓰다듬어 주는 것보다 다른 조절적인 효과를 갖는 경향이 있다.

- **신체적 터치의 강도**(Intensity): 어떤 사람이 다른 사람의 피부를 움푹 들어가게 하기 위해 사용하는 압력의 정도를 언급한다. 강도는 매우 가벼운 것(이런 신체적 터치는 영아에게 하위 역치가 될 수도 있다)에서부터 강한 압력까지 광범위하다. 다양한 강도는 다른 정도의 신경계 활성화를 초래시키므로 강도에 따라 접촉의 조절 효과는 광범위하게 변화될 수 있다.

- **신체적 터치의 속도**(Velocity): 돌보는 사람이 영아 피부에 압력을 가하거나 맞은편 피부로 이동해서 누르는 비율을 언급한다. 측정치는 거리를 움직일 때 사용되는 시간으로 신

체적 터치의 거리를 나눈 값이다(millimeters/milliseconds). 이와 반대되는 상황에서는 돌보는 사람이 영아의 몸에서 부터 자신의 몸을 분리시키는 비율치가 측정된다.

• 접촉의 돌발성(Abruptness): 신체적 터치의 돌발성은 신체적 터치의 속도와 비슷하지만, 영아를 접촉하는 가속도나 감 속도를 언급한다. 측정치는 거리를 움직이는 데 걸린 시간 의 제곱으로 신체적 터치의 거리를 나눈 값이다(mm/ms²). Hertenstein 등(2001)에 의하면 영아의 복부를 갑작스럽게 신체적 터치하는 것은 영아의 정서적 배열(가령, 통제집단보 다 눈살을 더 찌푸린다)과 대상을 향한 도구적 행동(통제집단 에 비해 덜 접촉한다)을 조절한다.

• 접촉할 때의 온도: 돌보는 사람의 피부 온도는 신체적 터치 의 특성과 관련된다. 신체적 터치가 갖는 선천적인 관계성 때문에 온도 지각은 돌보는 사람과 영아의 피부 온도에 의 존한다. 사람의 손가락 온도는 특정 정서와 영아에게 전달 되는 메시지에 부분적으로 기여할 수 있는 개별적 정서에 따라 변한다(Levenson, 1992). 가령, 돌보는 사람의 차가운 손은 영아에게 공포를 설명할 수 있는 반면, 따뜻한 손은 분노를 설명할 수 있다.

이와 같은 5가지 접촉 특성에 따라 전달되는 내용의 의미가 달라질 수 있다. 언급된 접촉의 특성이외에도 신체적 터치가 얼마나 많이 일어났으며, 신체의 어느 곳이 접촉되는가에 따라 의사전달의 내용이 달라질 수 있다. 따라서 신체적 터치 특성과 상호작용하는 신체적 터치의 매개변수에 대해서도 살펴보기로 하겠다.

(2) 신체적 터치의 매개변수

접촉의 매개변수란 얼마나 많은 신체적 터치가 수반되고 신체의 어느 곳을 접촉하는가를 서술하는 것이다. 가령, 기어 가는 영아의 등을 만질 때와 다리를 만질 때, 영아에게 전달되는 내용은 달라질 수 있다. 일반적으로 기어 가는 영아의 다리를 만지면 영아들은 부적 정서를 보이곤 한다. 이처럼 접촉의 매개변수에 따라 다른 내용들이 전달될 수 있는 것이다. 4가지의 매개변수에 대해 간략히 살펴보기로 하겠다.

- 신체적 터치 부위: 돌보는 이가 영아 신체의 어디를 접촉하는 가를 언급한다. 어떤 신체적 터치 유형의 의미는 영아가 접촉을 받는 특정 부위에 따라 다르게 전달된다. 영아는 돌보는 사람이 발 밑바닥을 어루만질 때와 이마 위를 어루만

질 때를 다르게 지각한다. 영아는 등 아래와 비교하여, 입과 볼 주위에 매우 민감하며, 이런 신체 부위에서의 촉각적 자극에 대해 매우 섬세하게 공간적 변별을 한다.

- 신체적 터치의 빈도: 영아가 접촉을 받는 수(또는 양)를 말한다. 가령, 팔을 가볍게 두드리는 것은 신체적 터치의 빈도로 간주될 수 있다.

- 신체적 터치의 지속: 접촉의 시작과 종료 사이에 경과된 시간을 말한다. 상호작용하는 사람 중, 어떤 한 사람이 접촉을 개시하고 둘 중 하나가 그것을 종료시킨다. 영아가 더 오래 접촉 받으면 받을수록 더 오래 촉각적 정보를 통합해야 하기 때문에 촉각적 의사전달과 관련되는 신체적 터치의 지속은 중요하다. 게다가 반복되는 신체적 터치는 감각적 적응이나 습관화를 초래시킬 수 있으므로, 영아가 신체적 터치 받고 있다는 사실을 인식하는 것을 어렵게 할 수도 있다 (Weiss & Campos, 1999).

- 신체적 터치 받는 피부 영역: 돌보는 사람이 영아를 접촉할 때, 포함되는 표면 영역을 말한다. 가령, 엄마가 손가락으로 영아의 코를 만질 때와 영아를 엄마 가슴에 안고 있을 경우, 영아가 받는 접촉의 느낌이 다를 수 있는 것이다. 이처럼 접촉되는 영역이 좁을 수도 있고 넓을 수도 있으며,

이에 따라 전달되는 접촉 효과가 다를 수 있다.

신체적 터치는 여러 차원을 갖는다. 이런 복잡성 때문에 촉각적 의사전달은 선천적으로 관계적이라 할 수 있다(Stack, 2001). 즉, 신체가 접촉되지 않고는 다른 사람을 접촉할 수 없다. 온도지각은 신체적 터치의 관계적 특성을 설명하는 특별한 예가 된다. 영아의 체온은 하루의 시간뿐 아니라 영아가 경험하는 각성수준과 정서에 따라 변한다. 영아의 체온이 따뜻하면 돌보는 사람의 신체적 터치는 차가운 것으로 지각되는 반면, 영아의 체온이 차가울 때 신체적 터치는 더욱 따뜻한 것으로 지각된다. 이처럼 하루의 시간과 영아의 정서 상태에 따라 같은 온도의 신체적 터치도 다르게 경험될 수 있는 것이다.

이와 같이 엄마-영아 상호작용에서 엄마의 접촉이 영아에게 특별한 정서와 정보를 전달할 때 이러한 촉각적 감각이 가지는 여러 특성과 매개변수들이 복잡한 상호작용을 하면서 함께 구성된다. 그러면 신체적 터치가 영아에게 어떻게 의미를 갖게 되는가에 대해 심리학적 이론에 근거하여 3가지 방식으로 살펴볼 것이다.

4) 의미전달로서의 신체적 터치

의미는 신체적 터치가 신경체계에 영향을 주는 방식과 문화적, 개인적 의미가 신체적 터치의 특성과 매개변수에 귀인하는 방식에서 유발된다(Weiss & Campos, 1999). 여기에서는 영아가 신체적 터치로부터 의미를 어떻게 습득하는가에 대해 초점을 두고, 3가지 심리학적 방식인 직접적 지각, 학습, 그리고 인지적 과정을 통해 신체적 터치가 어떻게 의미를 갖게 되는가를 살펴보도록 할 것이다.

(1) 영아는 직접적 지각을 통해 신체적 터치로부터 의미를 전달받는다

유기체는 직접적으로 외부의 자극 배열에서 의미를 지각할 수 있으므로 더 높은 수준의 인지과정이나 의미를 구성하는 이전 경험이 필요하지 않다(Gibson, 1979). 이런 방식으로 영아는 안면 표정으로부터 의미를 지각하는데(Walker-Andrews, 1997), 가령 찡그린 얼굴이나 화난 표정에서 불쾌감 또는 두려움이라는 의미를 지각할 수 있다.

Gibson에 의하면 자극(이 경우, 촉각적 자극)은 공간과 시간에 걸쳐 풍부하게 구성된 정보의 원천이며, 더 높은 위계의 불변인을 포함한다. 이런 불변인은 감각적 자극보다 더 높은 추상적 수준에서 존재한다. 이런 높은 위계의 불변인은 자극 배열에 대해 의미를 제공하는데, 이런 의미는 선천적인 것으로 보인다. 가령, 엄마가 강한 강도로 영아의 볼을 때렸을 때, 그런 촉각적 자극에서 영아는 강한 불쾌감이나 공포를 지각하게 된다. 그리고 이후 그런 비슷한 유형의 자극을 경험할 때도 비슷한 정서를 지각한다.

이와 반대로 엄마의 부드러운 포옹을 통해 영아는 안정감이나 행복감이라는 추상적 개념을 지각하게 된다. 영아를 양육할 때, 엄마들은 의식적이든 무의식적이든 수없이 많이 영아를 접촉한다. 따라서 공간에 존재하는 많은 접촉 자극을 경험하면서 영아는 그런 자극마다의 특징을 지각하고, 그런 자극으로부터 추상적 개념인 높은 위계의 불변인(가령, 공포감, 안전감 등)을 추출하면서 세상을 알아 간다. 이러한 불변인은 중다 감각양식적으로 설명되는데, 가령 청각과 시각적 감각에 존재하는 똑같은 위계 순서의 불변인이 촉각적 감각양식에도 존재한다. 영아는 중다 감각양식에 걸쳐 있는 불변인인 의미를 추상화함으로써 사회적 신호를 인식하고, 이런 높은 위계의 불변인은 독특한 의사전달 의미를 산출시킬 수 있으므로(Walker-Andrews, 1997), 영아는 촉각적 감각양식에 의해 추상적 개념을 발견해 낸다.

촉각적 의사전달에 대해 두 가지 발달적 시사점을 제공해 볼 수 있다(Gibson, 1969). 첫 번째로 자극에서의 정보와 영아에 의해 실제로 지각되는 것 간의 일치는 발달에 따라 특수성을 증가시키면서 더 정확해지고 분화된다. 가령, 와인 맛을 보는 초보자들은 두 가지 흰색 와인의 맛을 구별하지 못하는 반면, 와인 감별가들은 특별한 노력 없이 맛을 구별한다. 따라서 사회적인 촉각적 경험이 부족한 신생아들은 오랜 촉각적 자극을 경험한 나이 든 영아들처럼 섬세하게 의미를 지각하지 못한다.

두 번째로 발달에 따라 선별되는 정보의 절약성이 증가될 것이다. 촉각 체계는 인간 태아에게서 가장 먼저 발달되고 출생과 더불어 더 발달된다(Maurer & Maurer, 1988). 정보를 탐지하고 추출하는 기제는 출생부터 현존하며(적어도 미성숙한 형태로), 시간에 따라 더 효율적이 된다. 따라서 영아는 발달하면서 자극 내에서 개별적인 세부 특징을 선별하고 불변인을 추출하여 신체적 터치를 통해 의사전달을 하게 된다.

다음으로 영아는 학습을 통해 신체적 터치로부터 의미를 갖게 된다. 학습이론에 의하면, 영아는 촉각적 형태에 의미를 부여하기 위해 신체적 터치와 환경적 사상 간의 관계를 연합시킨다. 학습의 3가지 형태인 고전적 조건화, 조작적 조건화, 그리고 관찰 학습이 영아가 여러 촉각적 형태로부터 의미를 이끌어 내는 것에 영향을 준다.

(2) 신체적 터치는 조건화를 통해 영아에게 의미 있게 된다

영아는 고전적 조건화를 통해 신체적 터치로부터 의미를 학습한다. 조건 자극(가령, 촉각적 자극)과 무조건 자극(가령, 반응을 직접적으로 창출하는 어떤 사건들) 간의 반복되는 연합으로, 조건 자극도 똑같은 행동을 유발시킬 능력을 습득시킨다. 가령, 돌보는 사람이 영아를 가슴에 안고 우유를 먹이는 행동을 했다고 가정해 보자. 가슴에 안는 접촉은 조건 자극이며 엄마의 젖은 영아에게 젖을 빠는 행동인 무조건 반응을 야기시키는 무조건 자극이 된다. 이때 영아는 엄마의 가슴에 안기는 접촉행동으로부터 엄마의 젖이 올 것을 기대하여 입술을 오물거리며 빠는 행동을 하게 된다. 따라서 이후부터 영아는 엄마에게 안기면 젖을 먹게 된다는 의미를 학습하게 되는 것이다.

영아는 조작적 조건화를 통해 신체적 터치에서 의미를 전달받는다. 특정한 촉각적 형태는 신체적 터치로부터 의미를 이끌어 낼 수 있는 변별적 자극으로서 작용한다. 예를 들어, 영아는 걸음마를 하다가 비틀거리며 땅바닥에 넘어질 수도 있는데, 이때 돌보는 사람은 다가와 영아의 등을 토닥토닥 두들길 수 있다. 이런 특정한 촉각적 자극의 출현으로 영아는 미소 짓게 되며, 영아의 이런 미소는 돌보는 사람에게서 나온 행동을 고무시켜서 계속적으로 두들기는 행동을 유발시키게 한다.

이처럼 조작적 행동인 영아의 미소는 변별적 자극인 등을 토닥토닥 두드리는 행동의 출현에서 돌보는 사람이 제공하는 격려와 도움행동인 정적 강화인에 의해 수반된다. 많은 학습 경험 후에 등을 두들기는 것은 변별적 자극으로 작용하여, 영아가 미래의 특정한 촉각적 자극 출현에 미소 짓게 될 가능성을 증가시키게 할 것이다. 이와 같이 영아는 다른 환경적 사상들 간 연합에 의해 등을 토닥토닥하는 행동으로부터 격려와 도움 행동이라는 의미를 끌어 낼 수 있게 된다.

또한 관찰 학습에 의해 특정 형태의 신체적 터치에서 의미를 이끌어 낸다(Bandura, 1965). 영아는 사람들이 어떻게 신체적 터치를 받는가와 그들이 받는 신체적 터치에 관련하여 어떻게 행동하는가를 관찰함으로써 신체적 터치의 특정한 유형의 의미를 학습할 수 있다. 가령, 사람들이 특정 맥락에서 특정한 방식(예를 들어, 사랑스럽게 껴안는 것)으로 신체적 터치를 받고 비슷한 반응을 보이는 것을 관찰한다면 영아는 관찰된 신체적 터치의 유형이 특정한 어떤 것을 전달한다고 추론할 수 있을 것이다.

(3) 영아는 인지과정을 통해 신체적 터치로부터 의미를 이끌어 낸다

전통적으로 인지 항목에 해당하는 4가지 과정인 불일치(모순)과정, 기억과정, 맥락적 단서에 대한 평가와 주의집중 과정이 신체적 터치로부터 의미를 이끌어 내는 것에 영향을 준다. 불일치 과정에 의하면, 영아는 과거 경험으로부터 어느 정도 적절하게 벗어나 있는 자극이나 기억을 통합하기 위해 상당한 노력을 요구하는 자극('노력이 필요한 동화')이면서 기억 내에 존재하는 자극으로부터는 긍정적인 정서를 유발한다(Kagan, 1971). 반면에 영아의 기억과 갈등을 강하게 야기시키는 사건이나, 어떤 면에서는 친근하지만 과거 경험과 불일치되는 사건으로부터는 부적 정서를 산출시킨다(Hebb, 1946).

한편 영아는 질적으로 비슷한 신체적 터치에 습관화될 수 있다. 만약 불일치의 원리가 작동하는 경우, 돌보는 사람이 신체적 터치의 초기 형태로부터 약간 다른 신체적 터치(가령, 현존하는 도식에 새로운 자극을 영아가 동화할 수 있는)을 한다면 영아는 정적 정서를 경험할 것이다. 그러나 만약 돌보는 사람이 영아의 내적 도식과 갈등 상태에 있는 신체적 터치를 한다면 부적 정서를 초래할 것이다. 예를 들어, 수유를 하면서 항상 볼이나 이마에 뽀뽀를 하거나 부드럽게 볼을 어루만지는 엄마에 대한 경험을 가진 영아의 경우를 가정해 보자.

만약 엄마가 수유 상황에서 이전에 했던 것과는 다른 유형의 신체적 터치, 즉 볼을 세게 꼬집는다거나 찰싹 때리는 등의 신체적 터치를 한다면 영아는 불쾌감이나 공포감을 경험하게 될 것이다. 그러나 불일치 과정은 특정 정서의 발생이나 정보의 특정 유형 중 어느 하나를 설명하는 데 불충분하며(Witherington et al., 2001), 영아에게 같은 신체적 터치의 형태가 경험되어도 다양한 맥락적 요소에 따라 전혀 다른 정서가 야기될 수 있다. 따라서 불일치 과정으로는 영아가 신체적 터치로부터 의미를 도출하는 것이 분명하게 설명되지 못하는 것 같다.

인지의 또 다른 측면인 기억과정에 의하면 영아는 다른 사람에게서 받은 촉각적 자극을 이해하기 위해 과거의 촉각적 경험을 이끌어 낸다. 그러한 기억과정은 촉각적 형태와 그것의 의미를 기억하는 데 영향을 줄 수 있다. 또한 영아는 신체적 터치가 수행되는 특정한 맥락을 기억하는 경향이 있는데, 촉각적 경험이 이루어진 맥락에 대한 기억은 제시된 촉각 자극에 대한 의미 부여에 영향을 줄 수 있다. 가령, 영아는 조모나 조부로부터 촉각 자극을 받는 맥락에서 신체적 터치의 특정한 의미를 기억 속에 부호화하고 저장할 수 있다. 만약 일주일 후에 신체적 터치의 똑같은 형태를 조부에게서 받았다면 영아는 촉각 자극의 의미를 기억할 것이다. 그러나 똑같은 신체적 터치가 엄마나 아빠에 의해 행해진다면 영아는 조부에게서 받았던 신체적 터치의 의미를 기억하지 못할 수도 있다. 이런 예를 통해 맥락적 요소에 대한 영아의 기억이 주어진 상황에서 신체적 터치의 특정한 형태에 어떻게 의미를 주는가를 알 수 있다.

맥락적 단서에 대한 평가과정에 의하면 촉각 자극이 행해진 맥락에 대한 영아의 평가가 신체적 터치의 의미에 영향을 준다. 똑같은 신체적 터치의 형태가 그것이 행해진 맥락에 따라 다른 의미를 가질 수 있다. 가령, 손 위로 살짝 치는 신체적 터치가 아동이 잘못한 일에 대해 벌을 받는 맥락에서 그리고 게임을 하는 상황에서 행해질 때 아동은 이런 신체적 터치로부터 두 가지의 다른 의미를 이끌어 낼 수 있을 것이다.

주의집중 과정에 의하면 영아는 주의집중에 의해 이용 가능한 정보의 막대한 양으로부터 제한된 정보의 양을 처리한다. 가령, SF 단계와 신체적 터치를 경험한 영아는 엄마의 얼굴보다 엄마의 손을 더 보며 집중했다(Stack & Muir, 1990). 이처럼 영아는 촉각적 감각을 포함한 다른 감각 자극에 선택적으로 주의를 기울인다. 두 개의 다른 촉각적 형태가 동시에 수반될 때(가령, 영아의 등을 반복적으로 쓰다듬어 주면서 발바닥을 쓰다듬어 주는 등), 영아는 하나의 자극을 무시하면서 또 다른 형태의 신체적 터치에 주의를 기울일 수 있다. 따라서 주의를 기울였던 촉각적 형태의 의미는 현재 맥락이나 미래의 상호작용에 영향을 줄 것이다.

그러나 언급된 세 가지 기제는 신체적 터치의 의미를 충분히 설명하지 못하는 것 같다. 가령, 팔을 꼬집힌 영아의 고통은 위의

3가지 기제 어떤 것으로도 설명될 수 없다. 신체적 터치가 야기하는 감각적 특성, 즉 이 경우처럼 신경 말단에 아픔을 야기시키는 반응은 매우 강력한 방식으로 영아에게 정보를 전달한다. 따라서 의미가 신체적 터치로부터 어떻게 유발되는가에 대한 물음은 복잡한 대답을 요구한다. 신체적 터치가 어떻게 의미를 구성하여 의사전달 기능을 하게 되는가에 대해 분명한 설명을 제시할수는 없지만, 촉각적 의사전달의 개념화에 대한 이해를 돕고자다음과 같은 그림을 제시하였다.

자극 배열 ➡	의미에 대한 기제: 내용 ➡	의사전달적 효과
신체적 터치의 특성: 접촉유형, 접촉강도, 접촉속도, 접촉의 돌발성, 접촉온도	직접적 지각: 학습: 고전적 조건화, 도구적 조건화, 관찰 학습	Valanced 정서: 부적 정서, 정적 정서 개별적 정서 특정한 정보
신체적 터치의 매개변수: 접촉부위, 접촉빈도, 접촉지속, 접촉 받는 피부 영역	인지과정: 불일치 과정, 기억과정, 맥락적 단서에 대한 평가 와 주의집중 과정	

[그림 3-1] 촉각적 의사전달의 모델(Hertenstein, 2002)

3. 신체적 터치가 영아의 정서 · 사회성 발달에 미치는 영향

엄마와의 신체적 터치는 영아가 안전감의 상태에 있으므로 환경의 위험으로부터 안전하다는 것을 영아에게 알리는 신호가 된다. 특히 애착 대상과의 신체적 터치는 영아가 안전하다는 궁극적인 신호다(Main, 1990). 애착이론가들의 주장에 의하면 영아가 내적 작업모델을 발달시키고 작업모델에서 영아는 돌보는 사람－영아의 상호작용적 역사를 표상하게 된다(Bretherton, Biringen, Ridgeway, & Maslin, 1989; Sroufe, 1996). 가령, 스트레스 상황에서 돌보는 사람이 유용한 사람으로 표상되는 내적 작업모델은 안전 애착관계를 이끄는 반면, 돌보는 사람이 유용하지 않거나 비일관적으로 반응하는 사람으로 표상되는 내적 작업모델은 불안전 관계를 초래한다는 것이다. 즉, 영아가 고통을 받고 있을 때 돌보는 사람이 민감하다면 영아에게 적절한 신체적 터치를 제공할 것이며, 그럼으로써 영아의 고통은 감소된다. 그러나 덜 민감한 양육자는 영아에게 마지못해 신체적 터치를 하거나 또는 어설프게 하는 경향이 있으므로 영아에게 안전감을 전할 수 없다(Ainsworth et al., 1978).

이처럼 엄마와의 친밀한 신체적 터치는 영아가 고통이나 불편함을 대처하도록 도와주는 데 있어서 다른 감각양식보다 더 영향력이 있으므로(Hunziker & Barr, 1986), 높은 수준의 신체적 터치는 긍정적인 안전 애착과 관련된다. 그러면 3가지 측면에서 엄마의 신체적 터치가 영아의 정서 · 사회성 발달에 미치는 영향에 대해 살펴보도록 하겠다. 아울러 접촉 빈도나 유형에서 문화 간 차이를 살펴보도록 할 것이다.

1) 신체적 터치의 양 또는 빈도가 미치는 영향

동물을 대상으로 한 연구에서 보면 어린 새끼 때 어미와의 신체적 터치가 부재하거나 결핍되었을 경우, 여러 기능 장애가 확인되었다. 가령, 경쟁적이 되거나, 머리를 흔들거나 쾅 부딪치거나, 이상한 자세, 자기 스스로를 신체적 터치하기, 탐색하는 것에 대한 공포와 움추림, 우울한 정서, 불안 행동, 그리고 정상적인 사회적 상호작용에 참여할 수 없는 등의 행동 특성을 보인다(Harlow 1958; Suomi, 1986; 1990).

이와 대조적으로 초기 삶에서 어린 새끼에 대해 더 많은 촉각적 자극을 제공할 경우, 어린 새끼는 이후 삶에서 스트레스 반응을 더 효과적으로 조절할 수 있게 된다. 가령, 어미가 핥아 주고 잘 돌봐 주면 새끼 쥐는 이후 삶에서 펼쳐진 들판을 더 탐색하며, 불안을 나타내는 행동을 덜 보였는데, 이런 새끼 쥐는 불안을 감소시키는 화학성분을 관리하는 뇌 수용기를 더 많이 보였다(Sapolsky, 1997). 이처럼 초기 촉각적 경험과 이후 삶에서 직면하는 스트레스 반응 간에는 어떤 연계성이 있는 것처럼 보인다.

인간 영아를 대상으로 한 연구의 경우, 애착 대상이 접촉하는 것을 거부하려 들 때 영아는 분노, 공격적 행동, 머리를 잡아당기기, 그리고 손으로 찰싹 때리기 등과 같은 행동 특성을 보일 수 있으며(Main & Stattman, 1981), 정서적으로 무딘 특징을 보이기도 한다(Schore, 1998). 엄마의 접촉 빈도와 영아 애착 간 관련성을 연구한 결과에 의하면 안전 애착의 엄마는 불안전 애착의 엄마보다 더 광범위한 신체적 터치를 사용하며 영아와 신체적 놀이를 더 많이 자주 즐긴다는 것이다(Ainsworth et al., 1978). 가령, 엄마의 배 위에다 아기를 안고 다닐 수 있는 부드러운 천으로 옮겨진 영아와 영아용 의자에 앉아서 옮겨진 영아 간 애착을 비교해 보았더니, 증가된 신체적 터치는 안전 애착과 엄마의 반응성 증가와 관련이 있었다(Anisfeld, Casper, Nozyce, & Chunningham, 1990).

신체적 터치 빈도가 안전 애착에 영향을 줄 수 있다는 맥락에서 본다면 신체적 터치의 결핍이 공격성과 상관이 있을 수 있다. 미국과 프랑스의 학령 전 아동을 비교한 연구에서 미국 아동은 프

랑스 아동보다 부모, 교사, 또래에 의해 신체적 터치를 덜 받았고
더 공격적이었다(Field, 1999). 가령, 놀이터에서 놀고 있는 프랑스
의 학령 전 아동들은 관찰 시간의 35%를, 미국의 학령 전 아동은
11% 정도를 신체적 터치 받았다. 프랑스 아동은 놀이터에서 단지
관찰 시간의 1%만을, 미국 아동은 관찰 시간의 29%를 또래에게
공격적인 행동을 보였다.

이처럼 제한된 신체적 터치와 공격성 간의 연관성이 보고되
었고(Harlow & Harlow, 1965; Kraemer, 1985) 이탈 행동을 보이는
아동에게서 보고되어 왔다(Rogeness, Javors, & Pliska, 1992). 가령,
엄마가 없이 양육된 성인 원숭이는 매우 극적인 이탈을 보였고,
엄마로부터 분리되어 접촉을 박탈 당한 새끼원숭이에게서는 노
르에피네프린과 세로토닌이 결핍되었다(Kraemer, 1985). 노르에
피네프린과 세로토닌이 결핍되면 도파민과 도파민의 높은 수준
을 수반하는 충동 행동이 제지나 억제되지 않는다. 즉, 매우 극적
으로 공격적인 아동은 도파민과 충동성의 높은 수준, 그리고 노
르에피네프린과 세로토닌의 낮은 수준을 보인다(Rogeness et al,
1992). 이런 모든 것이 그들이 경험한 신체적 터치의 결핍에서 야
기될 수 있는 것이다. 이때 신체적 터치가 추가적으로 제공되었을
때 노르에피네프린(Kuhn, Schanberg, Field, Symanski, Zimmerman,
Scafidi, & Roberts, 1991)과 세로토닌(Ironson, Field, Scafidi, Hashimoto,

Kumar, Price, Goncalves, Burman, Tetenman, Patarca, & Fletcher, 1996) 수준을 증가시킬 수 있었다.

그러나 신체적 터치의 결핍이 항상 부정적인 영향을 주는 것은 아니다. 너무 지나치게 많은 신체적 터치는 애착 형성에 부적인 영향을 줄 수 있다. 가령, 불안-회피 애착은 강압적이고 지나치게 자극을 주는 양육적 접근과 관련되어 있다(Vondra, Shaw, & Kevenides, 1995). 특히 영아가 신경 생물학적이나 기질적 문제를 보일 때 엄마의 민감성이 중요하다(Pederson & Moran, 1995). 즉, 민감한 엄마는 아기의 독특한 단서와 내적 준비 상태에 주의를 기울이면서 신체적 터치를 사용하지만, 덜 민감한 엄마는 이런 요소를 고려하지 않고 신체적 터치를 사용하므로 아기의 안전감에 더 부정적 영향을 줄 수 있는 것이다.

2) 신체적 터치의 유형이 미치는 영향

동물을 대상으로 한 연구에서 보면 복잡하고 다양한 촉각적 자극이 뇌 발달을 촉진시킨다. 다양하고 풍부한 촉각적 환경은 신경세포의 더 많은 연결을 조성시키며(Greenough, Hwang & Gorman, 1985), 기억 기능을 촉진시키는 많은 유전인자와 신경세포를 증가시킨다(Anokhin, Mileusnic, Shamakina, & Rose, 1991;

Kempermann, Kuhn, &, Gage, 1997). 따라서 다양하고 풍부한 촉각적 자극은 아동이 삶의 과제를 다룰 수 있는 인지적, 정서적, 행동적 레퍼토리를 향상시킬 수 있음을 시사하고 있다. 특히 부드럽고 애정 어린 접촉 유형은 안전 애착과 관련된다(Ainsworth et al., 1978; Anisfeld et al., 1990; Kaitz et al., 1992).

엄마의 신체적 터치 유형과 영아의 애착 간 연관성에 대한 연구에서 보면 생후 3개월경에 양육적인 부드러운 신체적 터치를 받은 영아는 그런 접촉을 덜 받은 영아와 비교했을 때 12개월경, 안전 애착으로 분류되는 경향이 더 있다(Weiss et al., 2000). 즉, 입맞춤이나 꼭 안기, 그리고 귀여워서 쓰다듬어 주기 등의 접촉 유형이 애착에 연관되었다. 그러나 영아의 취약성 정도(가령, 분만 시 여러 문제가 있거나 저체중 등의 문제를 가진 영아의 경우)에 따라 양육적인 접촉 유형에 대한 효과가 달랐다. 가령, 양육적 접촉 유형이 건강한 영아의 안전 애착과 관련을 보였으나, 매우 높은 취약성을 가진 영아의 안전 애착과는 관련을 덜 보이는 것 같다. 이런 결과를 통해 영아의 정서·사회성 발달에 영향을 주는 것이 단순히 신체적 터치의 빈도라기보다는 접촉의 특성이 더 중요할 수 있다고 생각된다.

아동의 정서·사회성 발달에 심오하게 영향을 주는 부모와 아동 간 애정 어리고 안락한 피부접촉의 중요성이 강조되어 왔다

(Walsh, 1991). 안전 애착 영아의 엄마는 불안전 애착 영아의 엄마보다 더 애정적이며 부드러운 신체적 터치를 사용한다(Ainsworth et al., 1978). 이들은 아기를 더욱 어루만져 주고, 꼭 껴안아 주며, 뽀뽀해 주고, 조심스럽게 보살핀다. 이처럼 부드럽고 애정적인 신체적 터치는 안전 애착 영아의 엄마들에게서 지배적으로 나타난다(Leyendecker, Lamb, Fracasso, & Scholmerich, 1997).

생의 초기에 신체적 학대(Kolko, 1992)와 신체적 체벌(Straus & Gelles, 1990)을 경험한 아동은 정신적인 병적 상태가 된다. 영아를 포함해 이런 아동들은 근본적으로 부적 정서를 주로 보이며 (Schore, 1998), 성장함에 따라 또래와 돌보는 사람에 대해 신체적으로 공격적이 되어 간다(Main & George, 1985). 이처럼 신체적 체벌이나 학대는 완전히 변형된 신경 정신의학적 증세, 특히 공격적이고 파괴적이며, 자기 파괴적 장애에 대한 위험을 증가시킨다(Green, 1998; Kaufman, 1991). 실제로 이러한 체벌적 접촉 유형이 신경세포의 구조와 변연계의 신경 화학적 순환 체계, 가령, 사회 · 정서적 경험을 처리시키는 체계 등을 변경시킨다(Perry & Pollard, 1998; Schore, 1998).

일반적으로 불안전 애착 영아와 혼란된 애착 영아의 엄마들은 거부적이고, 거칠며, 돌발적인 신체적 터치 유형을 자주 한다 (Van der Kolk & Fisler, 1994). 이러한 거친 신체적 터치의 영향은 신체적으로 학대받은 아동에게 가장 광범위하게 설명되어왔다. 그들은 강도 높은 불안전 애착특성을 보인다(Van IJzendoorn, Goldberg, Kroonenberg, & Frenkel, 1992).

그러나 애정적이고 부드러운 신체적 터치의 결여가 반드시 불안-저항의 애착을 형성한다고 확언하는 것은 아니다. 가령, 애정적인 신체적 터치도 부적절한 순간에 사용된다면 부정적이 될 수 있다. 따라서 엄마의 애정적인 접촉행동과 애착 발달 간 관계는 매우 복잡하다. 엄마의 민감성이 최적의 애착 발달과 연관되고, 이러한 민감성은 신체적 근접성이나 접촉행동과 관련되기 (Isabella, Belsky & von Eye, 1989) 때문이다.

3) 엄마가 아동기 때 받은 애착과 관련된 경험의 역사가 미치는 영향

엄마가 아동기 때 받은 애착과 관련된 경험의 역사가 자녀를 양육하는 애착의 특징에 영향을 준다(Benoit & Parker, 1994; George & Solomon, 1996; Steele, Steele & Fonagy, 1996; Van IJzendoorn, 1995; Ward & Carlson, 1995). 어려서 받은 신체적 터치에 대해 느끼는 엄마의 내적 상태는 내적 작업모델의 한 부분을 구성한다. 엄마의 내적 작업모델이란 애착 대상에게 접촉하거나 또는 안전감을 느낄 때, 애착 대상이 어떻게 반응하는가에 대한 인지적, 정서적 기대 등을 말한다. 가령, 신체적 터치에 대해 좋지 않은 경험은 접촉 욕구가 생길 때조차도 애착 대상에게 신체적으로 접촉을 하면 안전하지 못할 것이라고 생각하게 하여 신체적 터치를 회피하게 한다는 것이다. 그러한 신체적 터치에 대한 부정적인 역사를 가진 엄마들은 이후 자녀와의 상호작용에서 수반되는 애착과 관련된 접촉 등을 하려 할 때, 접촉이 자녀에게 안전감을 주지 못한다는 생각을 하게 되어 접촉하는 것을 꺼리게 될 수 있다.

이에 반해 엄마가 아동기 때 받은 접촉 경험에 대해 안전감을 느끼는 엄마들은 자녀와의 상호작용에서 안전감을 주었던 신체적 터치를 자주 사용함으로써 자녀의 안전 애착을 발달시키는 경향이 있다는 것이다. 이처럼 엄마가 받은 접촉에 대한 느낌은 양육 상황에서 자녀에게 하는 접촉에 실질적인 영향을 준다. 엄마는 자녀와 신체적 터치 하면서 자신의 정서를 전달하는데, 자신이 과거에 받았던 또는 느꼈던 접촉에 대한 느낌 등에 의해 자녀를 접촉하는 데서 실질적인 차이를 보일 수 있다.

일반적으로 촉각적 경험에 대해 엄마가 느끼는 안전감이 신체적 터치를 통해 잠재적으로 영아에게 전해지는 애착에 대한 내적 작업모델의 핵심 성분이 되면서(Weiss et al., 2000) 애착에 대한 엄마의 내적 작업모델은 그대로 자녀에게 전달되어진다(Weiss et al., 2000). 즉, 애착에 대한 작업모델이 세대 간 전달되며 개인의 내적 애착 모델을 발달시키는 데 있어 신체적 터치의 촉각적 성분이 잠재적인 역할을 한다는 것이다.

언급되었듯이 생의 초기에 촉각적 자극이 생존에 필수적인 기능을 하기 때문에 여러 문화권에서 엄마들은 어린 영아를 신체적 터치하면서 돌본다. 이런 보편적인 양육 특성 이외에도 문화마다 접촉하는 빈도나 유형에서 차이를 보일 수 있다(Franco, Fogel, Messinger, & Frazier, 1996). 따라서 엄마의 신체적 터치 유형이나 빈도도 문화적 맥락 내에서 어떤 차이를 보이는지를 살펴보도록 할 것이다.

4) 신체적 터치의 빈도나 유형에서의 문화 간 차이

신체적 터치는 같은 문화권이나 같은 계층의 사람들 간에만 실행되는 친근한 행위다(Montagu, 2003). 신체적 터치에서 문화적 차이가 광범위하게 보고되었는데, 특히 신체적 터치 빈도에 대한 문화적 차이가 보고되어 왔다(Montagu, 1986). 앞에서 언급되었듯이 부모나 또래와 놀이터에서 놀고 있는 프랑스와 미국 아동 간 신체적 터치에서의 차이와 공격성 간에는 관련성이 보였다(Field,

1999). 가령, 신체적 터치를 자주 하는 문화권에서 성인의 공격성은 낮은 반면, 신체적 터치가 제한적인 문화권에서는 성인의 공격성이 높았다(Prescott & Wallace, 1976).

한 고전적인 사례인 뉴기니아의 아랍페쉬족과 문트그아족의 경우, 아랍페쉬족 영아는 항상 엄마가 작은 그물망으로 운반한다(Mead, 1935). 이런 것이 영아에게 엄마와의 신체적 터치를 경험하게 하며, 필요할 때 즉각적인 수유를 가능하게 한다. 그런 사회에서 성인은 비공격적이며 온화하고, 그리고 전쟁은 잘 일어나지 않는다. 대조적으로 같은 나라 내에서 문트그아족은 공격적이고 호전적인 국민들로 그들의 영아는 엄마와 신체적 터치를 하지 않고 엄마의 이마에 매달린 바구니로 운반된다.

아프리카 Kung족의 영아도 엄마와 계속적으로 피부 대 피부 접촉을 한다. 그들은 엄마의 옆구리에 부드러운 가죽으로 된 멜빵을 타고 다니며, 나이 든 아동들로부터 많은 보살핌이나 입맞춤을 받는다. 그들은 성장해서 매우 온순한 성인이 된다(Konner, 1976). 이와 같이 모든 문화권에서 엄마들은 자녀를 접촉하지만 접촉 빈도에서 차이를 보였고, 이런 접촉 결여가 이후 공격성과 관련됨을 알 수 있다(Field, 2003).

이처럼 결핍된 신체적 터치는 공격성과 관련이 있다(Harlow & Harlow, 1965; Kraemer, 1985; Rogeness et al., 1992). 따라서 엄마-

영아 상호작용에서 엄마의 적절한 신체적 터치는 이후 정서·사
회성 발달에 미치는 긍정적인 영향과 관련을 보일 수 있으므로,
신체적 터치에 대한 초기 경험에서 문화 간 차이를 알아보는 것
은 흥미로운 일이다. 그러나 여러 문화권에서 나타나는 접촉에서
의 차이를 알 수 있는 자료는 많지 않다. 이러한 제한점에도 불구
하고 초기 양육 상황에서 부모들이 영아에게 사용하는 신체적 터
치가 문화마다 어떤 차이를 보이는가에 대해 살펴보도록 하겠다.

(1) 초기 양육에서 엄마의 신체적 터치에서의 문화 간 차이

엄마의 신체적 터치는 영아기의 양육을 구성하는 핵심 성분
이 되기 때문에 문화에 걸쳐 신체적 터치에서 유사성과 차이를
관찰하는 것은 매우 흥미로운 주제다(Stack, 2001). 일본과 미국 엄
마의 신체적 터치를 비교해 보았더니(Franco et al., 1996), 신체적
터치의 유형은 달랐지만 접촉 빈도에서는 별다른 차이가 없었다.
즉, 엄마들은 상호작용 시기의 50~60% 정도를 자녀와 접촉했다.
일본 엄마의 경우 조용하고 달래는 접촉을, 미국 엄마의 경우 돌
발적이고 자극적이며 가볍게 두드리거나 꾹 찌르는 접촉을 더 했
다. 또 다른 연구에서는 미국 엄마가 일본 엄마보다 영아와 상호
작용을 더 많이 했고 자녀를 더 많이 신체적 터치했다(Kawakami,
Takai-Kawakami, & Kanaya, 1994).

　　미국에서 살고 있는 스페인계 엄마와 영국계 엄마의 신체적 터치에서의 차이를 보면 두 집단의 엄마들은 자녀를 매일 신체적 터치한다고 보고했는데 스페인 엄마가 신체적 터치와 애정 표현을 더 많이 한다고 보고했다(Franco et al., 1996). 그러나 두 집단 엄마들 간의 신체적 터치의 양에서는 실질적인 차이가 없었다. 이는 애정과 신체적 터치에 대해 문화마다 다른 태도를 가진다는 것을 의미하는 것이다.

　　페루의 고원지대에 살고 있는 엄마들은 높은 고도로부터 영아를 보호하기 위해 주머니(캥거루의)를 사용하는데, 이 경우 영아를 옷감과 담요로 꼭 감싼다(Tronick, Thomas, & Daltabuit, 1994). 아프리카의 자이레에 살고 있는 Efe족 엄마들도 시간의 50% 이상 아기를 접촉하며, 칼라하리 사막에서 살고 있는 Kung족의 영아는 생후 3~6개월 동안 시간의 75% 정도를 신체적으로 접촉하고 있었다(Konner, 1976).

　　이처럼 다양한 문화권에서 엄마들은 자녀와의 상호작용에서 거의 절반 이상 접촉하고 있었으며, 또한 엄마들 자신도 자녀들을 많이 접촉하고 있다고 보고했다. 이런 사실을 통해 신체적 터치가 초기 엄마-영아 간 상호작용의 통합적인 구성성분임을 알 수 있다. 또한 접촉 빈도뿐 아니라 접촉 유형에서도 문화 간 차이를 보였는데, 가령 일본 엄마는 조용하고 달래는 양육적 접촉 유

형을, 미국 엄마는 돌발적이고 자극적이며 두드리거나 찌르는 등
의 거친 접촉 유형을 더 많이 사용했다.

우리나라에서도 영아기 양육 상황에서 자녀에게 하는 접촉 유
형에 대한 자료가 제시되었다(김수정, 곽금주, 장유경, 성현란, 심희
옥, 2003). 한국 엄마들은 영아들에게 거친 접촉 유형보다는 양육
적인 부드러운 접촉을 더 많이 사용하였다. 양육적인 접촉 유형이
안전 애착과 관련되었듯이(Leyendecker et al., 1997), 우리나라 양육
현장에서 엄마들이 안전 애착과 관련된 접촉 유형을 더 많이 사용
한다는 것은 한국 양육의 긍정적인 면을 사사하는 것이다.

무엇보다도 신체적 터치는 한국의 양육 현장에서 커다란 비
중을 차지한다. 한국의 엄마들은 Efe족들처럼(Tronick, Morelli, &
Winn, 1987) 자녀를 항상 옆에 두는 경향이 있다. 일반적으로 전
통적인 한국 엄마들은 집안일을 하거나 또는 자녀를 재울 때 자
녀를 등에 업는 경향이 있다. 흔히 어머니들은 유아기뿐 아니라
아동기 때까지도 자녀와 한 방에서 자며, 품 안에 안고 재운다(정
대련, 2003). 신체적 터치의 빈도가 문제행동이나 공격성과 관련을
보인다(Field, 1999; Rogeness et al., 1992)는 맥락에서 볼 때 우리나
라 엄마들이 양육 장면에서 많은 시간을 자녀와 접촉하는 것도
바람직한 양육 현상으로 볼 수 있다.

이와 같이 접촉 유형이나 빈도에서의 차이가 안전 애착 발달

과 관련됨이 여러 연구를 통해 보고되었으므로(Ainsworth et al., 1978; Leyendecker, Lamb, Fracasso, & Scholmerich, 1997; Network 1997), 문화마다 다른 접촉 유형과 빈도에 대한 차이와 안전 애착 간 관련성을 알아보는 것도 매우 유익한 주제가 될 수 있다.

(2) 초기 양육에서 아빠의 신체적 터치에서의 문화 간 차이

영아에 대한 아빠의 신체적 터치를 살펴보면(Yogman, 1982), 아빠는 자녀와 함께 더욱 활동적이고 신체적으로 자극적인 놀이를 하는데 이런 스타일의 놀이가 애착 발달의 중요한 요소로 작용한다(Lamb, 1981). 중앙아프리카 공화국 남쪽 숲에서 사는 Aka 피그미를 관찰해 보았더니(Hewlett, 1987), 아빠들은 엄마들보다 영아를 덜 안아 주는데, 그들의 안는 행동은 맥락 특수적이었다. 즉, 여가 시간에 흔히 자녀를 안아 주었는데, 간질이기, 들여 올렸다 내리기 등의 거칠고 활동적인 신체적 터치를 했으나, 미국 아버지들보다 더 활동적이고 정력적인 놀이는 하지 않았다.

이탈리아 아빠들이 영아를 접촉한 장면을 관찰했을 때(New & Benigni, 1987), 자녀와의 상호작용을 밀착되어 하기보다는 단지 처다보거나 말하거나 하면서 일정한 거리를 두고 신체적 터치를 했다. 그들의 신체적 터치는 서툴거나 짧았고 엄마가 식사를 준비하는 시간만 자녀를 안아 주었으며, 간질이기나 찌르기 등의 거친 접촉 유형을 주로 했다.

인도의 뉴델리에서는 엄마와 아빠의 안는 형태가 연구되었는데(Roopnarine, Talukder, Jain, Joshi, & Srivastav, 1990), 엄마가 아빠보다 아기를 더 안아 주고, 안아 주면서 젖을 주고 포근하게 해주며 애정도 표현했으나, 안기나 잡기와 같은 신체적 터치의 지속시간은 북미 가족보다 적었다. 이처럼 아빠들은 자녀를 접촉할 때 대부분 활동적이고 거친 접촉을 주로 하는 경향이 있었으며, 문화마다 그런 활동적인 접촉에서 차이를 보이기도 했다.

요약하면, 신체적 터치는 문화마다 본질적이면서 맥락마다 다르게 사용되거나(가령, 안기 형태, 주머니, 감싸기), 더 자주 사용되기도 한다. 대부분의 문화권에서 영아를 양육할 때 엄마가 아빠보다 신체적 터치를 더 많이 했으나, 엄마에 비해 아빠들의 접촉 유형은 좀 더 거칠고 활동적인 것으로 나타났다. 그러나 이러한 엄마 아빠 간 접촉 유형에서 문화마다 차이가 있었다. 아울러 신체적 터치는 같은 문화권이나 같은 계층의 사람들 간에 실행되는 친근한 행위로서(Montagu, 1986), 아동기, 청년기, 성인기 등 전 생애를 걸쳐 가장 폭 넓게 사용되는 일차적 대인간 의사전달의 기능을 하며, 심리적 안정에 필요한 정서적 지지의 토대가 되기도 한다(Schiefenhovel, 1997).

따라서 신체적 터치는 생존의 목적뿐 아니라 친근성이나 근접성으로 그리고 놀이에 적합하게 항상 사람들의 삶에 함께 존재한다. 특히 생의 초기에 영아에 대한 엄마의 신체적 터치는 영아를 돌보는 핵심 성분이며 의사소통의 통로로서 영아의 사회성 발달에 영향을 주는 요인이 될 뿐 아니라 이후 성인기에 이르기까지 대인간 의사전달의 수단 그리고 정서적 공감대 형성의 토대가 된다.

4. 엄마-영아 상호작용에서 공동주의의 중요성과 기능

엄마가 놀이터 한 켠에 핀 민들레를 물끄러미 바라보고 있다. 이제 갓 첫돌을 맞은 재우가 엄마의 시선을 쫓아 꽃을 보고는 엄마를 올려다 본다. 엄마와 꽃을 번갈아 보는 재우에게 엄마가 빙그레 웃으며 말을 붙인다. "재우야, 저기 꽃이 피어 있네. 민들레야, 민들레." 재우가 민들레를 가리키며 엄마를 따라 미소 짓는다.

이처럼 아기의 일상에서 다른 사람과 함께 제3의 물체에 주의를 기울이는 상태를 공동주의(joint attention: 혹은 함께 주의하기)라고 한다(Bakeman & Adamson, 1984). 공동주의는 아기가 함께 바라보는 물체를 중심으로 다른 사람의 마음 상태를 인식하게 되었다는 것을 뜻한다. 돌배기 재우가 엄마의 시선을 따라가는 것은 다른 사람도 자신과 같다는 사실을 이해해야 가능하다. 공동주의를 하기 위해서는 다른 사람들도 자기처럼 외부 사물에 흥미를 느낄 수 있고, 주의를 기울일 수 있다는 것을 알아야 한다. 또한 누군가 뭔가를 바라본다는 것은 그것에 흥미를 느끼기 때문이라는 것을 알아야 한다. 요컨대, 아기가 공동주의를 한다는 것은 바야흐로 아기와 엄마, 둘만의 세계에 제3의 물체가 개입되는, 본격적인 삼각관계가 시작되었음을 의미한다. 영화와 드라마에서 그렇듯 삼각관계는 흥미진진하고 그 결말에 대한 궁금증을 불러일으킨다. 아기의 발달에서도 마찬가지다. 아기-엄마-대상이 개입된 공동주의라는 삼각관계는 아기의 발달에서 어떤 의미를 가지는 것일까? 그리고 아기가 나이 먹어 감에 따라 어떻게 발달하고, 어떤 결말을 맺게 될까?

영아기의 상호작용은 월령증가에 따라 엄마와 아기 사이의 면 대 면 이자적 상호작용에서 점차 제3의 대상을 포함하는 삼자적 상호작용의 형태로 변화한다. 이때 제3의 외부 대상을 중심으로 하여 다른 사람들과 의사소통하는 능력은 중요한 사회적 기술 중 하나다. 이를 통해 인간은 타인의 지식과 기술을 학습하고 이용할 수 있게 되기 때문이다.

발달심리학에서 주요한 문제 중 하나는 이와 같은 공동의, 혹은 타인의 지식에 어린 영아들이 어떻게 참여할 수 있게 되는가다. 우리 성인들은 언어라는 상징체계를 사용하여 외부 대상에 대해서 의견을 공유하기도 하고 상호작용을 하기도 하지만 아기들은 아직 언어를 습득하기 이전이므로 성인처럼 원활하게 언어적 의사소통을 할 수는 없다. 과연 아기들은 어떤 통로를 통해서 외부 대상을 중심으로 다른 사람들과 상호작용하는 것일까?

1) 영아기 공동주의의 중요성

영아기를 거치면서 아기들은 점차 다양한 외부 사물과 사람들로 가득 찬 세계에 접하게 된다. 딸랑이, 인형, 전화기, 전기코드, 립스틱 같은 대상들을 처음 접할 때 아기들은 어떻게 그 사물을 대해야 할지 알게 될까? Gopnik, Meltzoff 및 Kuhl(2006)에 따르면 아기들은 새로운 대상, 처음 접하는 세상을 파악하기 위해 타인을 이용한다. 더 나이 든 아동이나 성인과 비교하면 훨씬 간단한 방식이기는 하지만 돌배기 아기가 벌써 문화에 참여하는 것이다. 시선 쫓기(gaze following), 모방(imitation), 사회적 참조(social referencing)와 같은 방법을 이용하여, 아기들은 일일이 스스로 알아낼 필요가 없이 다른 사람들, 이전 세대가 알아낸 지식들을 효율적으로 습득한다. 예컨대, 첫돌 무렵 아기들은 손가락으로 어떤 대상을 가리키며, 다른 사람들이 손가락으로 무언가를 가리킬 때 그것을 보기 시작한다. 또한 누군가 시선을 옮기면 그것을 쫓아 가기도 한다. 대략 돌 무렵이 되면 아기들은 상당히 정확하게 어른들이 가리키는 그 지점을 쳐다본다.

Butterworth와 Itakura(1998)는 생후 6, 12, 15개월 영아들을 대상으로 25~55도의 각거리에 있는 두 개의 똑같은 대상물 중 하나를 찾는 과제를 제시하였다. 이 과제에서 엄마와 영아는 같은 눈높이로 앉아 있었고 한 대상물은 항상 영아의 중앙선에서 왼쪽으로 10도에, 두 번째 대상물은 더 왼쪽에 놓여 있었다. 이때 엄마는 대상물을 보거나(머리와 눈 움직임), 대상물을 보고 손으로 가리키는 행동을 했다. 관찰 결과, 6개월 영아들은 머리와 눈 움직임을 보고 두 대상물 중 더 멀리 있는 것을 정확하게 선택하지 못했지만 12개월부터는 손으로 가리킨 멀리 있는 대상물을 정확하게 찾을 수 있었다.

또 아기들은 다른 사람들의 행동을 통해 새로운 사물의 용도나 조작 방법을 알아내기도 한다. Meltzoff(1988)는 14개월 영아들이 신기하지만 의도가 내재된 행동을 모방할 수 있는지 알아보았다. 아기들은 모델이 머리를 숙여 이마를 대면 불이 들어오는 것을 관찰하였다. 이 시점에서 아기들은 직접 상자를 건드리지는 못했다. 일주일 후 아기들을 다시 실험실로 데리고 온 다음 아기들에게 그냥 상자를 주었다. 67%의 아동은 성인 모델이 이전에 보였던 행동을 모방하였다. 즉, 아기들은 손으로 스위치를 켜지 않고 성인 모델이 보였던 대로 고개를 숙여 상자의 윗면에 이마를 댔다.

그런가 하면 아기들은 낯선 대상을 처음 보았을 때 어떻게 행동할지 결정하기 위해 타인을 이용하기도 한다. 애매한 상황에서 아기는 보통 부모를 쳐다보는데 이때 부모의 반응에 따라 다음

행동이 좌우된다. 만일 부모가 긍정적인 반응을 보인다면 새로운 대상에 접근하고, 부정적인 표정을 짓는다면 새로운 대상을 회피한다.

　이처럼 언어가 아직 미성숙한 영아기에조차도 성인들은 언어를 사용하지 않고 아기들에게 다양한 지식을 전달할 수 있다. 이런 의미에서 본다면 아직 말을 하지 못하는 아기들이라 할지라도 본질적으로 문화적 존재라고 할 수 있다. 문화적 존재로서 아기들은 우리 성인과 같은 대상을 보고, 그것에 동일한 조작을 하기도 한다. 이러한 통찰은 다른 사람의 마음에 대한 아기들의 이해뿐 아니라, 세계에 대한 아기들의 이해도 한 단계 더 높은 차원으로 끌어올린다. 그렇다면 이와 같은 사회적 학습이 일어나는 맥락은 무엇일까? 이에 대해 발달심리학자들은 타인과 외부 대상을 함께 바라보며 주의를 공유하고 통합하는 공동주의에 주목하여 왔다(Tomasello, 1995). 공동주의란 앞서 언급한 바와 같이 아기가 주변의 성인과 함께 외부 대상에 관심을 갖게 되면서 그 대상을 중심으로 3자적 상호작용을 하는 것으로, 타인과의 상호작용의 기초라 할 수 있다(Butterworth, 1991). 아기들은 자신에게 주의하고 있지 않은 엄마와 상호작용하면서 놀기 위해서 엄마의 주의를 끌 만한 행동을 해야 하며, 다른 사람이 무엇을 보고 있는지 시선의 방향을 확인하고 거기에 맞추어 자신의 시선을 그곳으로 돌려야 한다. 즉, 공동주의는 어떤 대상이나 사건에 대한 가리키기(point-ing)와 시선 옮김(gaze shifting)의 조합을 포함한다. 공동주의는 언어를 사용하지 못하는 영아들에게 가장 중요한 의사소통 수단인 동시에, 외부 세계의 참조물(referent)을 중심으로 하는 상호작용과 학습에 기저하고 있는 중요한 과정이며, 이후 인지, 사회성, 언어 발달에 핵심 발판이라 할 수 있다(Charman et al., 2001; Delgado & Delgado, 2002).

2) 영아기 공동주의의 구성요소 및 기능

공동주의는 일견 매우 단순한 행위인 것처럼 보인다. Butterworth(1991; 2001)에 따르면, 공동주의에 대한 가장 단순한 정의는 타인이 보는 대상을 함께 바라보는 행동이다. 그러나 진정한 공동주의는 다른 사람의 마음에 대한 이해가 반드시 선행되어야 한다(Tomasello, 1995). 즉, 공동주의에는 여러 복잡한 인지적 이해와 의도가 개입되어야 한다. 우선 일차적으로 공동주의를 하기 위해서는 다른 사람의 의도를 이해해야 한다(Carpenter, Nagell, & Tomasello, 1998; Tomasello, 1999). 예컨대, Tomasello(1999)는 영아가 성인의 주의를 따르고, 주의를 끌고, 혹은 주의를 공유하는 상이한 공동주의 행동은 개별적인 활동이나 인지 영역이 아니라고 보았다. 공동주의는 이러한 여러 가지 인지적 요소가 조합된 능력이라 할 수 있다.

요컨대, 공동주의를 하기 위해서는 적어도 세 가지 능력이 필요하다(정윤경, 곽금주, 2005; Brune, 2004). 첫째, 공동주의를 하기 위해서는 타인의 주의적 관계에 대한 이해(comprehension of attentional relation)가 있어야 한다. 이는 아기가 다른 사람이 특정 대상에 주의를 집중하여 바라보고 있음을 이해하는 것을 의미한다. 둘째, 공동주의를 하기 위해 아기는 다른 사람과의 사회적 상호작용에 관여(social engagement)할 수 있어야 한다. 아기는 다른 사람이 주의를 기울이고 있는 대상에 자신도 따라 주의를 기울이거나, 자신이 관심을 가지고 있는 대상을 가리키는 등의 행동으로 다른 사람의 주의를 끌 수 있어야 한다. 셋째, 공동주의를 하기 위해서 아기는 자신의 주의를 조절(attention regulation)할 수 있어야 한다. 구체적으로 다른 사람과 외부 대상에 주의를 집중하고 이들 사이에서 주의를 이동(attention shifting)시키며 때로는 주의를 억제(inhibition)하는 등의 능력이 필요하다. 요컨대, 공동주의는 타인의 주의적 관계에 대한 이해, 사회적 관여 행동, 그리고 주의 조절을 포함하는 영아기 인지, 언어, 사회적 발달의 핵심 요소다(정윤경, 곽금주, 2005).

한편 공동주의는 두 가지 측면에서 발달을 촉진하는 기능을 한다는 점에서 중요하다(Sabbach & Baldwin, 2005). 구체적으로 공동주의는 인지적 측면과 사회인지적 측면에서 발달에 유리한 맥락을 제공한다. 우선, 인지적 측면에서 살펴보면, 공동주의는 두 사람이 외부 대상을 사이에 두고 자연스럽게 대화할 수 있는 맥락이 될 수 있다. 즉, 공동주의가 성립된 다음에 이루어지는 발화는 두 사람이 함께 초점을 맞추고 있는 바로 그 대상의 측면에 관한 이해를 가능하게 할 수 있다. 앞서 재우와 엄마의 대화에서 알 수 있는 것처럼 일단 재우와 엄마가 함께 주의를 기울이고 있을 때 엄마의 대화는 두 사람이 지금 동시에 보고 있는 노란색 꽃이 바로 '민들레'라는 정보를 제공한다. 이러한 공동주의 경험을 통해 재우는 지금 엄마와 보고 있는 꽃의 명칭을 배우게 되고 궁극적으로는 개념과 인지적 측면의 발달이 가능하게 되는 것이다. 둘째, 동기적 측면에서 공동주의는 인간이 선천적으로 가치있게 여기는 것처럼 보이는 '마음을 만나는(meeting of mind)' 경험을 가능하게 만든다. 예컨대, 15개월에서 18개월 사이의 영아들조차도 사회적 파트너와 주의적 초점을 공유하고 타인과 함께 어떤 대상에 개입할 수 있는 기회를 찾는 것을 즐기는 것처럼 보인다(Bakeman & Adamson, 1984; Trevarthen, 1980). 이러한 측면들을 종합해 보면 공동주의를 성취하는 것은 선천적으로 동기화되는 것으로 보이며 모든 형태의 사회적 협응에 도움을 준다고 할 수 있다.

5. 영아기 공동주의의 발달

아기는 매우 일찍부터 엄마와의 면 대 면 상호작용에 반응적으로 행동한다(Hains & Muir, 1996; Jaffe, Beatrice, Stanley, Crown, & Jasnow, 2001). 예컨대, 출생 후 월령이 증가할수록, 엄마가 다른 곳을 보고 있을 때 아기의 웃음 빈도는 점차 감소한다(Hains & Muir, 1996). 이러한 초기 영아기의 영아−성인과의 이차적 상호작용에 외부 대상이 개입된 삼자적 상호작용이 점차 발달하게 된다. 11개월 말 무렵, 영아들은 외부의 대상이나 사건을 엄마와의 상호작용에 통합시키게 된다. 이러한 삼자적 상호작용(즉, 아기와 다른 사람, 외부 대상)은 놀이를 하는 동안 대상에 대한 주의를 공유하는 것을 포함한다(Bakeman & Adamson, 1984). 공동주의의 전반적인 발달 양상은 다음과 같다. 영아기 후반부로 갈수록 이러한 상호작용 동안 아기들은 더 빈번하게 성인의 시선을 따르고(Butterworth & Grover, 1989; Carpenter et al., 1998; Moore & Corkum, 1998), 성인과 공유된 주의에 더 오래 개입하며(Bakeman & Adamson, 1984), 성인의 주의를 이끌거나 다른 사람으로부터 특정 반응을 이끌어 내는 기능을 하는 보여 주기(showing)와 가리키기 같은 의사소통적 몸짓들을 보다 효과적으로 산출한다(Bates,

Benigni, Bretherton, Camaioni, & Volterra, 1979; Carpenter et al., 1998;
Corkum & Moore, 1995; Liszkowski, Carpenter, Henning, Striano, &
Tomasello, 2004). 영아기 동안의 공동주의의 발달을 좀 더 자세히
알아보도록 하자.

1) 영아 초기: 출생~11개월

일반적으로 공동주의의 시작은 생후 6개월경이지만(박영신,
2011; 정윤경, 곽금주, 2005; Bakeman & Adamson, 1984), 공동주의를
위해 필요한 기본적인 능력들은 그 이전부터 발달한다(Butterworth,
2001). Butterworth(2001)에 따르면 일차적인 상호주관성(primary
intersubjectivity)은 출생 당시부터 시작된다. 이것은 감정을 가지고
있는 의도적인 행위자로 다른 사람을 지각하는 능력으로서
(Trevarthen, 1979), 이 때문에 아기와 엄마가 면 대 면 상호작용을
통해 서로에게 주의를 기울이고 주의의 대상이 될 수 있다. 예컨
대, 엄마와 2개월 아기의 이자적 상호작용에서는 종종 정서적 동
조(attunement)가 일어난다. 아기는 엄마의 얼굴을 주의 깊게 바라
보고, 미소로 반응하며, 말하는 것과 비슷해 보이는 입술 움직임
과 혀 동작을 하고, 손을 움직이곤 한다. 영아가 물리적 대상을
다루는 데 몰두하게 되기 전까지 서로 시선을 나누거나 시선을

피하는 놀이도 이러한 상호작용에서 중요한 역할을 한다.

3~4개월 정도가 되면 영아의 일상에서 삼자적 관계가 이전 시기보다 더 빈번하게 관찰된다. 예컨대, 엄마, 아빠, 3개월 아기 간의 사회적 상호작용은 전형적으로 1세 말 정도에 관찰되는 삼자적 참조 관계의 발달심리학적 선행 요인이라고 할 수 있다 (Butterworth, 2001). 엄마와 아기 간의 이자적 관계에 외부 대상이 개입하기 시작하는 것은 생후 6개월 정도라 할 수 있다.

한편 9개월경 외부 대상물을 포함한 이차적 상호주관성(secondary intersubjectivity)이 아기와 엄마 사이의 상호작용에서 자주 나타난다. 이전에는 아기가 흥미를 보이는 대상에 엄마가 시선을 보내는 경향이 나타났지만 이 시기부터 엄마와 영아의 이자적 상호작용은 제3의 대상을 포함하기 시작한다. 물론 아기가 엄마의 시선 이동을 따라가는 공동주의는 생후 9개월 이전에도 관찰될 수 있으나 그리 흔한 일은 아니다. 9개월 이전에 공동주의가 나타난다고 보고한 연구들에서 사용된 공동주의의 기준은 다소 느슨한 경향이 있다. 예컨대, Scaife와 Brunner(1975)는 2개월 영아들이 성인의 시선 방향의 변화를 따라갔다고 보고했지만, 이 연구에서는 시야에 대상 물체가 없었다. 또한 Butterworth와 Jarrett(1991)는 6개월 영아들이 단순하고 혼란스럽지 않은 실험실 환경에서 공동주의를 보인다고 보고하였다. 이 연구에서는 동질적이고 중립적

인 배경을 만들기 위해 커튼으로 실험실의 벽을 가렸고, 똑같은
대상들이 대칭적이고 체계적으로 실험자와 영아에게 가깝게 놓여
있었다. 실험자와 아기는 대상물들과 같은 높이로 앉아 있었고,
실험자는 머리, 눈, 몸통을 돌림으로써 대상물들 중의 하나로 주
의 초점을 옮겼고, 약 5초 동안 자세를 유지했다. 이 때 6개월 영아
들은 맞은 편에 있는 대상물에 더 많은 반응을 보였고 분명히 삼
자적인 공동주의를 보일 수 있었다. 대상 물체를 포함한 이후의
많은 연구들은 공동주의의 시작 시기를 9개월 이후로 훨씬 늦게
잡는 경향이 있었다(Carpenter et al., 1998; Corkum & Moore, 1995;
Moore & Corkum, 1994; Morissette, Ricard, & Gouin-Decarie, 1995). 이
런 연구들에서는 매우 엄격한 기준, 즉 아기가 성인의 주의 초점
의 변화와 주의 초점이 되는 외부 대상을 통합할 수 있어야 한다
는 기준을 충족시킬 때에만 공동주의 행동이 출현한다고 판단하
였다. 예컨대, Carpenter 등(1998)은 아기가 중앙선에서 오른쪽, 왼
쪽으로 45도, 80도에 있는 대상을 모두 정확하게 찾아야 할 때,
Corkum과 Moore(1995)는 영아들이 자발적으로 시선 쫓기를 보여
야 하고 다섯 번 연속적으로 옳은 반응을 해야 한다는 기준을 적
용하였다.

2) 영아 후기: 12~24개월

삼자적 상호작용에서 주목할 만한 발달은 9개월부터 12개월 사이에 일어난다. 실제로 이 시기를 전후해서 아기들의 삼자적 상호작용에서 상황에 적합한 사회적 반응성이 점차 확고하게 출현한다. 첫돌 무렵부터 아기들은 자신이 관심을 가지고 있는 대상에 엄마의 관심을 유도하기 위해 소리나 몸짓, 눈짓 등의 다양한 신호를 사용한다. 또한 다른 사람의 내적 상태에 대한 초보적 이해도 보다 정확해져서 다른 사람이 흥미를 가지고 있는 특정 대상을 손가락으로 가리키고 있다는 것을 잘 이해할 수 있게 된다(Woodward & Guajardo, 2002).

생후 14개월 무렵부터 영아들은 타인의 주의적 관계에 대해서도 더 잘 이해할 수 있으며 15개월부터 18개월 사이의 영아들은 엄마와의 상호작용에서 공동주의의 양이 폭발적으로 증가하는 경향이 있다(정윤경, 곽금주, 2005; Bakeman & Adamson, 1984). 공동주의의 발달을 살펴볼 때 그것을 지지적 공동주의(supported joint attention)와 협응적 공동주의(coordinated joint attention)로 나누어 설명하는 것이 유용할 것이다(정윤경, 곽금주, 2005; Bakeman & Adamson, 1984). 지지적 공동주의란 아기가 보는 대상을 엄마도 따라서 함께 보는 것을 의미하는데 이 상태에서는 아기가 반드시 엄마와 공동주의를 하기 위해 자신의 주의를 조절할 필요가 없다. 이 상태에서 아기가 엄마의 주의 상태나 시선을 의식하지 않고 외부 대상에만 주의를 집중한다. 예를 들어, 아기가 장난감을 가지고 놀 때 엄마가 흩어져 있는 장난감을 아기 쪽으로 가져다 주고 아기의 활동에 도움을 줄 수 있다. 한편 협응적 공동주의는 아기가 엄마와의 상호작용에 적극적으로 관여하고, 외부 대상과 엄마에게 번갈아 주의를 기울이는 등 자신의 주의를 조절하기도 하며, 상대방도 함께 외부 대상에 주의를 기울이고 있다는 것을 충분히 인식하는 상태라고 할 수 있다. 주로 아기와 엄마가 공놀이나 소꿉놀이를 할 때 관찰되는 공동주의 상태라고 할 수 있다.

협응적 공동주의와 지지적 공동주의의 차이는 다음과 같다. 표면적으로 두 주의 상태 사이에는 두드러진 차이가 없는 것처럼 보인다. 그러나 지지적 공동주의 상태에서는 외부 대상을 중심으로 아기와 엄마 사이의 적극적인 상호작용이 좀처럼 관찰되지 않는다. 이 상태에서 아기는 엄마의 시선이나 주의 상태에 대한 인식을 거의 보이지 않는다. 따라서 아기의 입장에서 본다면, 지지적 공동주의보다는 협응적 공동주의를 하기 위해 아기에게는 더 복잡한 사회인지적 기술이 요구된다. 이를 고려하여 볼 때 협응적 공동주의가 지지적 공동주의보다 더 이후의 연령에서 나타날 것으로 예상할 수 있다.

　　실제로 한국의 영아들을 대상으로 한 정윤경과 곽금주(2005)의 연구에서도 유사한 결과가 얻어졌다. 이 연구에서는 시선 쫓기(gaze following)가 나타나기 시작하는 생후 9개월부터 본격적인 언어적 상호작용이 나타나기 이전인 18개월까지 3개월 간격으로 자유 놀이 상황에서의 엄마와 영아의 상호작용을 관찰하고 아기의 주의 상태를 관찰하고 분석하였다. 구체적으로 지지적 공동주의와 협응적 공동주의를 포함하여 총 6가지 범주로 아기의 주의 상태를 분석하였는데 여기에는 어디에도 주의를 하지 않은 무관여(unengaged), 타인의 행동에 영아 자신은 적극적으로 개입하지 않으며 관찰하는 방관(on-looking), 영아 혼자서 대상에 주의를 집중하는 상태(object engagement), 다른 사람에게 주의를 집중하는 상태(person engagement) 등이 포함되어 있었다.

　　그 결과 아기의 월령이 증가함에 따라 지지적 공동주의와 협응적 공동주의가 모두 증가하였지만, 이 둘은 15개월을 기점으로 서로 상이한 발달 패턴을 나타냈다. 구체적으로 지지적 공동주의는 15개월과 18개월 사이에 더 이상 증가하지 않은 반면, 협응적 공동주의는 동일한 시기에 가장 급격한 증가를 보이는 경향이 있었다. 연구자들은 지지적 공동주의의 15개월 이후 안정화와 협응적 공동주의의 급격한 증가를 비슷한 시기에 공고해지는, 다른 사람의 마음에 대한 아기의 이해와 관련지어 설명하였다. 타인의

주의에 대한 아기의 이해 증가는 지지적 공동주의가 협응적 공동
주의로 이행되도록 만드는 요인으로 작용할 수 있다는 것이다.
예컨대, 자신과 함께 상호작용하고 있는 상황에서 엄마도 지금
자신이 바라보는 대상을 함께 바라보고 있다는 것을 잘 이해하는
아기들은 그렇지 않은 아기들보다 더욱 빈번히 엄마의 지지적 주
의에 반응했을 것으로 추측된다. 이는 결과적으로 더욱 빈번한
협응적 공동주의로 이어질 가능성이 높다. 따라서 정윤경과 곽금
주(2005)의 연구에서 15~18개월 동안 아기와 엄마와의 상호작용
에서 상대적으로 지지적 공동주의의 양은 감소하고 협응적 공동
주의의 양은 증가하는 결과가 나타났을 수 있다.

6. 영아기 공동주의가 이후 발달에 미치는 영향

앞서 살펴본 바와 같이 공동주의는 영아기 전반에 걸쳐 발달
한다. 그런데 공동주의는 영아기에 국한되어서뿐만 아니라 이후
발달단계에서의 다양한 영역의 발달과 관련이 있기 때문에 그 중
요성이 부각되어 왔다. 여러 연구에 따르면 공동주의는 언어
(Baldwin, 1995; Charman et al., 2001; Markus, Mundy, Morales,
Delgado, & Yale, 2000), 모방학습(Slaughter & McConnell, 2003), 그

리고 마음 이론(Charman et al., 2001; Mundy, Sigman, & Kasari, 1994)
의 발달과 밀접한 관련이 있었다. Franco(2005)에 따르면 공동주
의는 크게 두 가지로 해석될 수 있다. 첫번째는 다른 사람의 주의
에 대한 지시(directive)로서 '저것을 보세요' 혹은 '눈을 그쪽으
로 돌리세요'의 의미일 수 있다. 두번째는 다른 사람과 어떤 대상
/사건(proto-declarative: "That/X는 흥미로워!")에 대하여 주의를 공
유하기를 원하는 것일 수 있다. 전자의 경우 공동주의와 이후 언
어 발달 간 관계와 관련지을 수 있다. 예컨대, 공동주의를 하기
위해서 영아들이 산출하는 가리키기의 경우 다른 사람에게 새로
운 정보를 전달하는 정보적 기능을 할 수 있다. 따라서 영아기 동
안 공동주의를 하면서 가리키기를 보다 빈번하게 하는 아기일수
록 이후 더 높은 수준의 언어 획득을 할 수 있는 것이다. 한편 후
자의 경우 다른 사람의 내적 상태를 이해하는 사회인지 능력과
보다 밀접하게 관련될 수 있다. 성공적인 공동주의 상태를 확립
하기 위해 효과적인 가리키기를 하기 위해서는 가리키기를 바라
보는 상대의 지각 및 주의 상태 등 심리적 혹은 내적 상태에 대한
통찰이 필요하다. 결국 영아기 동안 효과적인 가리키기를 통해
협응적인 공동주의를 확립하는 경험을 많이 한 아기일수록 이후
더 뛰어난 사회인지 능력을 갖출 수 있을 것이다. 이처럼 공동주
의는 이후의 언어 및 사회인지 능력의 발달과 밀접하게 관련된

다. 다음에서 이를 보다 자세히 살펴보도록 하겠다.

1) 공동주의와 언어 발달

공동주의와 언어 간 관련성을 살펴보기에 앞서 아기의 단어 학습이 이루어지는 맥락을 알아볼 필요가 있다. 아동의 단어 학습은 언어적 발화와 그 세계 간의 규칙적인 공변을 탐지하는 능력을 포함하고 있다(Bloom, 2000; Samuelson & Smith, 2000; Schafer & Plunkett, 1998; Whitehurst, Kedesdy, & White, 1982). 즉, 아기들은 그들이 그 시점에 주의를 기울이고 있는 세상의 측면과 함께 들은 소리 패턴을 연합시킴으로써 단어를 학습하게 된다. 이러한 입장에서 본다면 부모와 다른 성인들은 아동의 단어 학습 성공에서 중요한 역할을 담당한다. 성인들은 반드시 아동이 듣는 단어를 확인하여야 하기 때문이다. 만일 성인이 그와 같은 주의를 하는 데 실패하고 아기들이 부적절한 대상에 초점을 맞추었을 때 특정 단어를 들었다면 부정확한 연합이 형성될 위험성이 존재한다. 이런 위험을 경감할 수 있는 것이 바로 공동주의다. 여러 연구자들에 따르면 공동주의는 공변 탐지를 위해 특별한 환경을 제공하기 때문에 효과적일 수 있다(Bruner, 1983; Ninio & Bruner, 1978). 이러한 연구자들은 상당히 많은 양의 초기 부모-자녀 언어적 상호작용이 일상 활동 내에서 일어나며 이러한 활동에서 공동주의 에피소드는 자연스럽고 보편적이며 또한 이러한 일상은 동기적 및 인지적 기초들을 모두 제공한다는 점에 주목하였다. 첫째, 이들 친숙한 활동은 아동의 흥미와 주의를 끌고 그러므로 학습을 위한 이상적인 조건을 충족시킨다. 둘째, 이러한 상황에 대한 아동들의 친숙성은 유사한 맥락에서 사용되는 단어들의 의미에 대한 강력하고 신뢰할 수 있는 가설을 위한 기초를 제공한다(Tomasello & Farrar, 1986). 결국 공동주의는 아기들이 언어를 학습하기 위해 최대한 효율적으로 공변 탐지를 작동시킬 수 있는 맥락이라고 할 수 있다.

한편 공변 탐지 가설의 문제점을 지적하는 연구자들도 있다(Baldwin, 1991). 이들에 따르면 아동이 언어를 습득하기 위해 공변을 탐지해야 한다는 가설은 몇 가지 문제점을 지니고 있다. 첫째, 일상의 언어에서 단어와 대상 간의 공변은 아동이 학습하기를 원하는 단어-참조물 관계를 종종 위반한다는 점이다. 예컨대, 대상 명명의 경우 대략 30~50%의 부모 발화가 아동의 주의를 점유하지 않은 대상을 지칭한다는 주장도 있다(Collis, 1977; Harris, Jones, & Grant, 1983). 둘째, Scheiffelin(1985; 1990)은 Kaluli족의 경우 대상 명칭은 구체적으로 명시하는(ostensive) 명명 상황에서 오히려 드물게 제시된다는 점을 발견하였다. 결국 그와 같은 문화에서 아동들은 빈번하게 관련된 참조물의 명백한 지시없이 단어들을 듣게 될 것이다. 그럼에도 불구하고 이러한 문화에서 성장하는 아동들의 경우 오류는 많지 않다. 다행스럽게도 아동들은 단순한 공변 탐지의 기초에서 단어-참조물 연결을 확립하지는 않는 것으로 판단된다. 셋째, 아동의 단어 학습은 상대적으로 신속하다. 많은 상황에서 아동들은 아주 최소한의 노출 이후에 대상에 대한 명칭을 잘 학습하는 것처럼 보이는데 때로는 단 한 번의 노출로도 언어 습득은 충분히 일어날 수 있다(Carey & Bartlett, 1978; Heibeck & Markman, 1987; Nelson & Bonvillian, 1973). 아동의 단어 학습에 대한 이러한 발견들은 아동들의 단어 학습에 대한 공변 탐지 가설에 대한 심각한 의문을 제기한다(Franco, 2005).

Baldwin(1991)은 공동주의가 화용론, 즉 대화에서 화자의 '의사소통적 의도'를 이해하는 능력과 관련되면서 언어 발달에 기여한다고 주장하였다. 그에 따르면 어린 아동들이 단어를 학습하기 위해 말하는 사람의 의사소통적 의도를 명확하게 할 수 있는 정보는 아주 적은데 이때 화자의 주의적 초점은 매우 유용한 정보다. 이러한 상황에서 아동들은 화자의 참조적 의도에 대한 적절하고 신뢰할 수 있는 추론을 하기 위해 공동주의를 이용한다는 것이다. 실제로 Baldwin(1991)은 16개월과 19개월의 아기들을 대상으로 새로운 단어를 두 가지 조건 중 하나에서 제시하였다. 한 가지 조건에서 실험자는 아기가 주의를 기울이고 있는 새로운 장난감을 보고 있는 동안 명칭을 제시하였으며 또 다른 조건에서 실험자는 아동이 다른 장난감에 초점을 기울이고 있는 그때 불투명한 양동이로 얼굴을 가리면서 명칭을 제시하였다. 그 결과 두 번째 조건에서 어떤 연령집단도 명명하고 있는 순간 초점이 맞춰진 대상에 대해 새로운 명칭을 잘못 적용하지 않았다. 즉, 새로운 명칭을 들으면서 아동들은 자발적으로 그들의 주의를 그들 자신의 대상으로부터 분리하고 적극적으로 화자의 주의적 초점에 대한 정보를 탐색하였으며 그 정보를 새로운 단어-대상 연결의 형성을 안내하기 위해 사용하였다. 아동들은 화자에 의해 의도된 참조물과 연결될 수 있는 단어에 대하여 이해하는 것처럼 보였으며 화자의 참조적 의도를 결정하기 위해 시선의 방향 및 몸짓 등에 관련된 정보와 같은 참조적 정보를 활동적으로 수집하였다. 또한 Baldwin, Bill, 및 Ontai(1996)의 연구에서도 아동들이 단어 학습을 위해 타인의 의도를 평가한다는 부가적인 증거가 보고되었다. 이 연구에서는 18~20개월 영아들을 대상으로 실험자 옆에 영아를 앉히고 두 가지 조건 중 하나에서 새로운 장난감을 제시받도록 했다. 한 조건에서 실험자는 아동이 볼 수 있는 장소에 위치하고 새로운 장난감에 공동으로 초점을 맞춘 상황에서 새로운 단어를 말했다. 또 다른 조건에서 실험자는 소리가 통하는 스크린 뒤에서 새로운 장난감을 영아가 보고 있을 때 새로운 단어를 말했다. 즉, 두 가지 조건 모두에서 실험자는 아동이 새로운 물체에 초점을 기울일 동안 새로운 단어를 말했다. 그 결과 영아들은 전자의 조건에서만 단어를 학습하는 경향이 있었다. 반면, 실험자가 스크린 뒤에서 새로운 명칭을 말했던 조건에서 아기들은 새로운 단어와 그들이 단어를 들었던 순간에 초점을 맞추었던 새로운 대상 간의 어떤 안정적인 연결도 확립하지 못하였다. 이러한 결과는 단어와 대상 간의 공변이 아동의 단어 학습에 기저하는 단일한 추동력이 아님을 확증하는 것으로 해석될 수 있다. 즉, 아동들은 한 단어와 대상을 연결시키기 전에 화자가 주의를 기울이고 있는 대상에 대한 증거를 명백하게 원하는데 이 증거가 바로 공동주의이며 이 점이 바로 단어 학습에 공동주의가 중요한 이유라 할 수 있다.

실제로 여러 연구들에서 공동주의는 언어 발달과 밀접한 관련성이 있는 것으로 밝혀졌다. 어려서 공동주의를 잘했던 영아들은 이후 연령에서 더 많은 표현어휘와 이해어휘를 지니는 경향이 있었다(Carpenter et al., 1998; Mundy et al., 2007). 또한 공동주의의 손상이 어휘력 성장에 영향을 미치며 문법 발달에도 영향을 미친다는 연구도 존재한다(Assanelli, Salerni, & Franco, 2001).

2) 공동주의와 사회인지 발달

몇몇 연구자들은 공동주의에 포함되어 있는 다양한 인지 및 사회적 발달의 핵심 요소에 주목하여 영아기 공동주의와 이후 마음 이론 간 관련성을 주장하였다(Angold & Hay, 1993; Camaioni, 1993; Baron-Cohen & Swettenham, 1996). 자신을 포함하여, 사람의 '마음'이 어떻게 작동하는지를 이해하는 것은 사회적 존재로서 인간의 삶에서 핵심적인 능력이라 할 수 있다. 이러한 마음 이해 능력은 다른 사람들로 가득한 사회적 세계 속에서 발달하는 아동들이 최적의 기능을 수행하기 위해 반드시 필요한 능력이라는 점에서 많은 연구가 행해진 발달심리학 영역의 주요 주제 중 하나다. 지금까지 연구자들은 믿음, 바람, 지식, 의도 등 다양한 마음 상태를 이해하는 능력이 연령에 따라 어떤 발달을 보이는지(Wellman, Cross, & Watson, 2001)뿐 아니라 그 개인차가 사회성 기술(Astington & Jenkins, 1995; Lalonde & Chandler, 1995), 도덕적 추론(Leslie, Knobe, & Cohen, 2006; Wellman & Miller, 2008), 자폐증(Baron-Cohen, Leslie & Frith, 1985; Yirmiya, & Shulman, 1996) 등 다양한 영역의 발달과 관련이 있음을 밝혀 왔다. 최근에는 아동의 마음 이해에 기여하는 요인과 그 기원이 무엇인가에 대해 관심이 집중되면서 이와 관련된 영아기 요인을 찾으려는 연구들이 진행되고 있다(Carpendale & Lewis, 2006).

최근 연구자들은 마음 이해 능력의 발달과 관련된 영아기 변인으로 사회적 대상에 대한 영아의 주의 및 사회적 이해(Aschersleben, Hofer, & Jovanovic, 2008; Wellman, Lopez-Duran, LaBounty, & Hamilton, 2008; Wellman, Phillips, Dunphy-Lelii, & LaLonde, 2004)와 공동주의(Charman et al., 2001; Mundy et al., 1994)에 주목하고 있다. 예컨대, Wellman과 동료 연구자들은 일련의 연구(Wellman et al., 2004; Wellman et al., 2008)를 통해 12개월과 14개월경 의도적 행위 이해에 대한 과제에서 관찰된 영아의 사회적 주의와 4세가 되었을 때 틀린 믿음 이해 간의 관련성을 연구하였다. 이들은 영아들에게 어떤 행위자가 두 가지 대상 중 하나의 대상을 선택하여 흥미롭게 바라보는 장면을 반복적으로 제시하여 습관화한 후, 그 사람이 선호했던 대상에 다가가는 사건(consistent event)과 선호하지 않았던 대상에 다가가는 장면(inconsistent event)을 제시하였다. 대부분의 영아들은 행위자가 내적 상태(선호)와 일치하는 행위를 한 사건보다 일치하지 않는 행위를 한 사건을 더 오래 응시하였다. 또한 이 실험에 참여한 영아기 반응은 4세경에 드러난 틀린 믿음 과제에서의 수행과 높은 상관을 보였다. 이후 더 많은 수의 아동들을 포함한 후속 연구(Wellman et al., 2008)와 독일 영아들을 대상으로 한 Aschersleben 등(2008)의 연구에서도 영아의 사회적 이해와 4세경 틀린 믿음 과제 수행 간의 유사한 관련성이 나타났다. 이러한 연구 결과에 근거하여 Wellman 등(2008)의 연구자들은 영아기와 아동 초기 동안 사회인지 능력 발달에 연속성이 존재한다고 주장하였다.

영아기 공동주의와 이후의 마음 이해 능력 간 관련성을 직접적으로 살펴본 실증적 연구들은 상대적으로 소수다(Charman et al., 2001; Van Hecke et al., 2008). 예컨대, Charman 등(2001)은 13명의 아동을 대상으로 실험실 상황에서 공동주의 기술을 측정하였다. 즉, 연구자들은 2세 영아에게 목표 탐지 과제와 주의 이동 과제를 실시하여 얻어진 공동주의 기술과 4세경 틀린 믿음을 포함한 마음 이해 능력을 측정하였다. 그 결과 공동주의와 마음 이해 능력 간에는 유의미한 상관이 관찰되었다. 또한 Van Hecke 등(2007)은 52명의 위험군 아동들을 대상으로 12, 15, 24, 30개월에서의 비언어적 의사소통 척도에서 얻어진 공동주의와 30개월에서의 정서 이해 능력 간 관련성을 보고하였다.

최근 김연수, 정윤경, 곽금주(2009)는 한국 영아들을 대상으로 공동주의와 이후의 마음 이론 간 관련성을 살펴보았다. 이전의 서구 영아들을 대상으로 한 연구들에서 이와 같이 영아기 공동주의와 아동기 마음 이해 발달 간 관련성을 살펴본 연구들은 공동주의와 관련하여 단일 시점에서의 지표만을 사용하거나

(Charman et al., 2001), 실험실 상황에서 측정된 정확반응율을 이용(Charman et al., 2001; Van Hecke et al., 2007)하였다. 그러나 공동주의는 영아기 내에서도 시기에 따라 그 발달에서 차이가 있으며(박영신, 박난희, 김효정, 2009; 정윤경, 곽금주, 2005; Carpenter et al., 1998), 주로 친밀한 타인인 엄마와의 상호작용에서 이루어지는 행동(Bakeman & Adamson, 1984)이다. 이러한 측면을 고려하여 김연수 등(2009)은 자연스런 상황에서 이루어지는 공동주의 행동을 영아기 내 여러 시점에서 관찰하고 이후 마음 이해 능력 간 관련성을 살펴보았다. 이를 위해 61명의 아동을 대상으로 종단적 연구를 실시하였다. 영아기 공동주의는 생후 12, 15, 18개월에 엄마와 영아의 자유놀이 상황을 Adamson, Bakeman, Russel 및 Deckner(1998)의 주의 상태 분석 체계에 근거하여 측정하였으며, 아동 초기 마음 이해 능력은 50개월(만 4.1세)에 Wellman과 Liu(2004)의 마음 읽기 척도를 사용하여 측정하였다. 그 결과 15개월과 18개월 영아의 공동주의의 양은 4세경 마음 읽기의 전반적 능력과 유의미한 상관을 보였으며, 이러한 관련성은 아동 초기의 이해어휘를 통제했을 때도 유의미하였다.

7. 영아기 공동주의 발달과 발달장애

앞서 살펴본 바와 같이 공동주의는 영아기 동안의 발달뿐 아니라 이후 발달의 여러 측면에 영향을 미친다. 이를 고려하여, 공동주의는 사회인지 혹은 언어 획득 이론과 관련지어 전형적인 발달과정으로 연구되어 왔을 뿐만 아니라 자폐와 같은 비정상적 발달을 예측할 수 있는 초기 지표로 언급되면서 발달에 대한 새로운 관점을 제공하여 왔다(Baldwin, 1995; Carpenter et al., 1998; Corkum & Moore, 1998; Morales, Mundy, & Rojas, 1998).

1) 공동주의와 언어장애

사회적 관계성은 손상되지 않지만 인지발달은 현저하게 지연을 보이는 다운증후군 아동들은 성인과 또래 모두와 의사소통하기 위해 정상아동과 유사하게 가리키기를 할 수 있으며 가리키기 전에 다른 사람의 시선이 자신의 가리키기를 볼 수 있는지 확인해 보기도 한다(Franco & Wishart, 1995). 흔히 인지발달 지체가 다운증후군의 특징이라는 점을 고려하면 이런 행동은 흥미롭다. 다운증후군 아동들은 특히 저조한 언어 기술을 보강하기 위해 비언어적 의사소통 방법인 공동주의와 가리키기를 사용하는 것처럼 보인다.

앞서 살펴보았던 Baldwin의 연구(1991)는 특히 공동주의와 참조물-명칭 관련성 확립 간 특별한 관계를 보여 주었다. 2세 말경 아동들은 명명된 단어의 참조물을 확인하기 위해 화자의 주의적 초점을 체계적으로 탐색한다. 그때부터 아동들은 이미 평균 12개의 단어 어휘를 가지고 있으며 이후 엄마와의 공동주의 경험이 쌓여 감에 따라서 어휘도 누적되어 간다. 2세 중반 경에 이르면 아장이들은 공동주의에서 보다 적극적인 역할을 하며 이것은 다시 표현어휘(Franco & Butterworth, 1996)와 이해어휘(Baldwin, 1995) 습득에 긍정적인 영향을 미친다. 따라서 공동주의는 언어가 발달하기 위해서 필요한 전제조건임을 시사한다. 즉, 공동주의는 어휘폭발을 가능하게 하며 이는 한 번에 한 단어 이상을 발화하는 것의 기반이 된다. 다중 어휘 발화는 어휘가 통계적으로 적어도 200단어에 이르기 전까지는 나타나지 않으며(Bates & Goodman, 1997), 초기 문법과 상관이 높은 것으로 알려져 왔다. Franco(2005)에 따르면, 공동주의와 언어 간 관련성은 두 가지 단계, 즉 명칭 및 참조물과 관련되는 공동주의 기술의 첫 번째 단계와 다중 어휘 발화와 관련되는 두 번째 단계를 포함하는 것으로 보인다. 동일한 관점에서 Tomasello(1999)는 유인원들에게 두 번째 유형의 공동주의 능력이 결여된 것으로 보았다. 비록 특별한 훈련을 시키면 일부 침팬지들이 특정한 상황에서 어휘를 습득할 수 있기는 하지만 그런 경우에도 이해 어휘가 200단어 이하일 뿐이며 더욱이 문법 발달도 기대할 수 없다는 점은 이를 지지하는 증거로 판단된다. 아마도 다중 어휘 발달과 관련되는 공동주의 기술의 발달로 아기들은 보다 많은 어휘를 습득할 수 있게 되고 최종적으로는 다중 어휘 발화의 산출과 통계적으로 관련된 어휘 양에 도달한다.

만일 이러한 추론이 타당하다면, 공동주의 발달의 장애는 언어장애와 관련될 확률이 높다. 보다 구체적으로 공동주의에서의 이상은 어휘를 확장시키지 못하며 이는 다시 저조한 문법 발달의 원인이 될 수 있다. 실제로 Franco(2005)는 MCDI로 측정된 어휘가 하위 10% 이하인 느린 언어발달 아동들을 대상으로 공동주의 발달을 관찰하였다. 이들 아동 중 많은 아동들이 다른 아동들의 발달을 따라잡을 것이지만 몇몇은 특정 언어장애(Specific Language Impairment: SLI)로 발전될 수 있을 것으로 예상되었다. SLI 아동들은 4세가 되었을 때도 정상적인 2세 정도의 평균 어휘를 가지고 있으며 이처럼 매우 느린 어휘력에서의 성장은 손상된 문법 발달 때문인 것으로 판단되었다(Conti-Ramsden, 2000; Leonard, 2000). 그 결과 이처럼 느린 언어발달을 보이는 아동들은 공동주의 상황에서 보이는 가리키기 및 발성에서 정상아동과는 미묘하지만 광범위한 차이를 보이는 것으로 나타났다(Assanelli et al., 2001). 구체적으로, 6개월부터 10개월까지의 공동주의에 대한 반응 측정치는 30개월에서의 표현어휘(Morales et al., 2000)와 24개월의 공동주의는 3세경 언어성 IQ(Schmidt & Lawson, 2002)와, 더 나아가 4세경의 어휘와도 관련이 있다(Assanelli et al., 2001). Franco(2005)에 따르면, 공동주의의 손상은 어휘 습득에만 영향을 미치는 것이 아니다. 그에 따른 결함이 누적됨에 따라 문법 발달에도 영향을 미칠 가능성도 존재한다. 이러한 연구 결과들을 종합해 보면, 공동주의는 영아기 이후의 발달장애 및 언어장애를 조기 진단하기 위해서 필요한 매우 중요한 발달 영역이라고 할 수 있다.

2) 공동주의와 자폐증

Baron-Cohen(1989)은 자폐증으로 진단받는 아동들이 영아기 동안 공동주의 상황에서 시선으로부터 다른 사람의 마음 상태를 추론하지 못하는 경향을 보인다고 주장하였다. 이는 일반적으로 공동주의가 특히 사회인지 능력의 발달과 관련된다는 주장을 지지하는 증거로 제시되어 왔다. 실제로, Charman 등(2001)은 20개

월 당시 아기들이 보이는 공동주의 행동이 44개월에서의 마음 이
론 능력을 예측함을 보여 준 바 있다. 특히 공동주의는 타인의 경
험, 내재적 상태 및 행동 간의 관계를 이해하는 사고체계인 마음
이론의 전조가 되는 것으로 알려져 있다(Baron-Cohen, 1995). 마음
이론은 겉으로 이행되는 타인의 행동을 통해서 타인의 지식, 동
기, 신념, 정서, 의도 등을 추론하는 능력이다. 영아기의 공동주
의와 아동 초기 마음 이론은 종단적인 관련성을 지니는데, 20개
월에서 공동주의는 44개월에서의 마음 이론 과제 수행과 관련이
있었다(Charman et al., 2001). 특히 자폐적 특성을 가진 아동들은
영아기 공동주의 행동의 빈도가 드물게 나타나거나 출현이 매우
늦은 것으로 보고되고 있다(Baron-Cohen, 1989). 공동주의의 어려
움은 다른 사람의 심적 상태(mental state)를 이해할 수 있는 능력의
결여와 관련되어 있으며, 이것은 다른 사람의 마음을 고려하는 언
어적, 사회인지적 의사소통의 결함과 관련을 갖는 것이다. 물론
공동주의와 가리키기의 실패가 자폐증의 필요충분조건인가 하는
점에 대해서는 논쟁의 여지가 있다. 예컨대, Boucher(1996)는 공
동주의의 결함 단독으로는 자폐증에 대한 충분한 설명이 될 수
없다고 주장하였으며 Hobson(1991) 역시 자폐증을 오로지 공동
주의의 관점에서 접근하는 것을 비판하고, 정서적 관계맺음(relat-
edness)과 사회적–감정적 결손을 고려할 필요가 있다고 강조하

였다. 자폐증이 근본적으로 사회적−감정적 장애라면 공동주의
와의 관련성은 삼자적 관계에서 감정적 경험을 공유하지 못하는
지점에 있을 것이다. Mundy 등(1992)은, 정상 영아들은 가리키기
나 시선 접촉이 단지 물체에 대한 요구를 하는 역할을 할 때보다
그것을 통해서 공동주의를 확립할 때 유의미하게 더 많은 긍정적
감정(positive affect)을 나타낸다는 점을 발견하였다. 결국 경험을
공유하는 것은 긍정적 감정 역시 공유하는 것을 수반하며, 자폐
아동은 이 두 가지 영역에서 모두 결핍을 나타낸다. 이러한 의미
에서 영아기 동안 긍정적인 감정 교류가 이루어지는 장인 공동주
의의 결핍은 결과적으로 이후 감정의 교류에서의 결함이 주된 특
징인 자폐증과 관련을 맺게 되는 것이다.

따라서 영아기 발달에서 공동주의 능력의 출현과 발달의 개
인차는 이후 발달의 어려움을 예측할 수 있는 중요한 준거로 활
용될 수 있다. 실제로 Baron-Cohen(1995)에 따르면 공동주의와
가리키기에서의 결핍은 자폐증의 진단 지표로 기능할 수 있다.
이 연구에서는 가리키기, 시선 쫓기, 가장놀이를 포함한 체크리
스트를 사용하여 16,000명의 18개월 아동들 중 위험집단을 가려
내었다. 최종적으로 18개월 당시 이 검사에서 실패한 12명의 아
동들 중에서 10명이 이후 자폐증으로 진단되었다. 더 나아가
Mundy와 동료 연구자(1992)들에 따르면 자폐증 아동들의 공동주

의 평가는 초기 중재 여부를 결정하는 데 도움이 될 수 있다. 이들 연구자는 상대방에게 원하는 목적이 무엇인가에 기초하여 공동주의를 시도와 반응으로 구분하고 영아기 사회적 의사소통척도(Early Social Communication Scale: ESCS)를 개발하였다(Mundy, Degado, & Hogan, 2003). 공동주의의 이 두 가지 측면을 고려한 ESCS는 초기 자폐증 아동을 위한 중재 프로그램의 개입 여부를 판단하는 데 유용한 기준으로 활용되고 있다(Mundy, Sigman, & Kasari, 1990).

8. 영아기 공동주의 발달과 관련 변인

지금까지의 공동주의 연구들은 주로 공동주의 능력이 언제 출현하는지(Carpenter et al., 1998)와 이후 발달 간 관련성을 살펴보는 데 초점이 맞춰져 왔다(Baird, Charman, Cox, Baron-Cohen, Swettenham, Wheelwright, & Drew, 2001; Mundy et al., 1994). 비록 공동주의가 영아기 전반에 걸쳐 발달하고 특정 시점에서 공통적으로 공동주의의 양에서 폭발적인 증가가 나타나기는 하지만, 공동주의에서의 개인차 역시 존재한다. 이러한 개인차와 관련된 변인으로는, 참조물을 사이에 둔 삼자적 상호작용의 양 당사자인

아기의 특성과 엄마의 특성을 들 수 있다.

1) 아기의 특성

공동주의를 엄마와 영아의 대상을 사이에 둔 삼자적 상호작용이라고 본다면, 상호작용에 참여하는 영아의 특성이 공동주의에서의 개인차와 관련된다. 이러한 변인으로는 기질(김민화, 곽금주, 김수정, 2004; 박영신, 2011)과 타인의 주의적 관계에 대한 이해(정윤경, 곽금주, 2005; Brune, 2004)가 있다.

먼저 아기의 기질과 공동주의 간 관련성을 살펴보도록 하자. 기질(temperament)은 상황에 관계 없이 다양한 자극에 대한 일관성 있는 반응을 야기하는 생물학적인 개인차로서 여러 영아기 발달에 영향을 미치는 중요한 변인이며, 공동주의와 같이 동시에 여러 가지 사회적, 물리적 자극에 주의를 할당하고 정보를 받아들이는 상황에서는 특히 중요할 수 있다. 김민화, 곽금주(2004)는 공동주의를 시도하기와 반응하기의 두 측면으로 구분하고 기질 특성과의 관련성을 살펴보았다. 공동주의 상황에서 아기와 엄마의 상호작용은 파트너의 주의 단서에 대한 반응을 하는 것과 파트너의 주의를 끌기 위한 시도행동으로 구분될 수 있다. 즉, 영아와 엄마 중 어느 한쪽이 상호작용의 기회를 잡기 위한 시도로 상대가 현재 초점을 두고 있는 사물이나 사건에 대한 주의적 단서를 따라갈 수 있는데 이런 경우는 주의 따르기(attention following)가 되며, 반대로 어느 한쪽이 파트너의 주의를 한 사물에서 다른 사물로 옮기기 위해 직접적인 상호작용을 주도하는 경우는 주의 전환(attention switching)이 된다(Tomasello, 1992). 여기서 주의 따르기는 상대방에 대한 반응하기가 될 수 있으며, 주의 전환은 상호작용에 대한 시도하기라고 할 수 있다. 보다 구체적으로 김민화 등의 연구(2004)에서 상대의 주의를 따르기 위한 아기의 반응하기는 상대의 가리키기나 응시 방향으로 고개를 돌리거나 응시하는 행동으로 측정되었다(Corkum & Moore, 1995; Scaife & Bruner, 1975). 반면, 아기가 흥미 있는 사물이나 사건에 상대방의 주의를 전환시키고자 하는 행동들은 보여 주기, 번갈아 보기, 가리키기 등의 행동으로 측정되었다(Bates et al., 1979). 또한 이러한 행동들은 각각 상호주의에 대한 반응(RJA: response of joint attention)과 상호주의하기 기술의 시도(IJA: initiating of joint attention)로 명명되었다(Seibert, Hogan, & Mundy, 1982). 이에 더하여 연구자들은 생후 6개월 아기의 기질 특성에 따라 분류된 4집단, 즉 원만한 집단, 높은 반응집단, 낮은 반응집단, 다소 까다로운 집단을 대상으로 이들이 각각 8~9개월, 12~18개월이 되었을 때 공동주의가 어떻게 발달하는지 알아보았다. 그 결과, 낮은 반응집단의 영아들은 월령 증가에도 불구하고 공동주의 시도 행동이 증가되지 않았으며, 높은 수준의 공동주의 시도 반응 역시 14~15개월이 되어서도 전혀 나타나지 않았다. 또한 다른 사람의 공동주의 시도에 반응하는 정도는 9개월과 12개월에는 집단 간 차이가 없었으나 15개월에는 낮은 반응집단이 다른 집단보다 반응을 덜 보이는 경향이 있었다(김민화, 곽금주, 2004). 요컨대, 기질과 공동주의 간 상관은 9개월 시점에서는 나타나지 않았으나 월령이 증가함에 따라 나타났다.

최근 박영신(2011)의 연구에서도 공동주의를 시도하기와 반응하기의 두 측면으로 구분하여 12, 15, 18개월의 세 시점에서 평가하고 15개월에 측정된 기질 간 관련성을 평가하였다. 그 결과, 공동주의는 기질과 관련이 있었으며, 상관을 보이는 기질 차원은 월령 및 공동주의의 측면에 따라 달라지는 경향이 있었다. 구체적으로 시도하기의 경우 12개월에는 기질 차원과 상관이 없었으나 15개월 및 18개월에는 아기의 지구성과 유의미한 상관이 있는 것으로 나타났다.

한편 다른 사람의 주의적 관계를 잘 이해하는 영아일수록 엄마가 자신의 주의 대상에 주의를 기울일 때(지지적 공동주의), 이를 바로 이해하고 협응적 공동주의를 시작하는 경향이 있다(정윤경 등, 2005; Jeong & Kwak, 2006). 타인의 주의적 관계에 대한 이해

란 다른 사람의 주의적 행동과 외부 대상이 관련되어 있음을 아
는 것으로서, 즉 다른 사람이 '어떤 것을 본다' 또는 '어떤 것에
주의를 두고 있다'는 내적 상태를 이해하는 능력을 말한다(정윤
경 등, 2005; Brune, 2004). 이러한 주의적 관계를 이해하기 위해서
아기는 다른 사람이 특정 대상을 향해 고개를 돌리고 시선을 둘
때, 이를 그 사람이 그 대상을 바라보고자 한다는 의도를 가지고
자신의 주의를 집중하여 바라보고 있다는 것을 이해해야 한다.
이러한 주의적 관계에 대한 이해는 다른 사람의 마음에 대한 중
요한 정보를 준다(Baldwin & Moses, 1996; Lee, Eskritt, Symons, &
Muir, 1998). 정윤경 등(2005)은 선별적인 시선쫓기(selective gaze
following) 절차를 사용하여 영아의 타인의 주의적 관계에 대한 이
해 능력을 측정하였다. Brooks와 Meltzoff(2002)에 의해 처음 사
용된 선별적인 시선쫓기는 과거의 시선쫓기(gaze following) 절차
보다 영아의 주의적 관계에 대한 이해를 보다 예민하고 정확하게
측정할 수 있는 방법이다. 또한 장난감을 중심으로 한 엄마와 아
기의 상호작용을 분석하여 공동주의를 측정하였다. 그 결과, 18
개월 영아의 주의적 관계에 대한 이해 능력과 협응적 공동주의
간에 유의미한 상관이 있었다. 특히 영아의 주의적 관계에 대한
이해 능력은 엄마에 의해 수동적으로 유지되는 지지적 공동주의
가 진정한 의미의 공동주의인 협응적 공동주의 상태로 이행되는

것에 중요한 역할을 한다는 것이 밝혀졌다.

2) 엄마의 특성

영아기 공동주의와 관련된 엄마 변인에 대한 연구들은 공동 주의가 엄마와 같은 주요 양육자와의 상호작용을 통해 발달된다는 점에서 주로 사회적 파트너로서의 엄마의 양육 특성 혹은 상호작용 행동의 특성을 탐색했다(김민화, 곽금주, 2004; 정윤경, 곽금주, 2005; Bakeman & Adamson, 1984; Woodward, 1998; Woodward & Guajardo, 2002). 일반적으로 엄마가 상호작용 과정에서 아기가 보이는 반응에 민감하여 필요할 때 적절하게 발판화할수록 아기가 공동주의를 더 잘하는 것으로 알려져 있다(박영신, 2011). 특히 엄마의 가리키기 행동과 피드백으로서 고개를 끄덕이는 행동은 영아의 사회인지 능력의 발달에 중요한 역할을 하는 변인으로 간주되어 왔다(Woodward, 1998). 공동주의 상황에서 보이는 엄마의 가리키기(pointing) 행동에 대한 이해는 상호 관련된 여러 이해 능력들을 포함하는데, 대상을 강조하는 신호임을 이해하여야 하고 다른 의도적 행위와 마찬가지로 대상 지향적임을 이해하여야 한다. 즉, 가리키기에 반응하기 위해서 영아들은 가리키는 손에 초점을 두기보다는 관련된 참조물에 초점을 두어야 하며 행위자의 가리

키기는 참조물과 그것을 가리키는 사람들 간의 관련성에 대한 증
거임을 이해하여야 한다. 예컨대, 성인은 참조물에 대한 본인의
자각과 그것을 획득하고자 하는 의도라는 특정 심리 상태를 보여
줄 수 있다. 다시 말해 대상을 향한 가리키기 행동은 영아에게
'내가 저 대상에게 관심을 가지고 있다'는 생각과 더 나아가 그
대상을 목표로 행하는 의도 경향을 행동으로 드러낸다는 점에서
타인의 의도에 대한 영아의 이해를 촉진시킬 수 있다(정윤경, 곽금
주, 2005; Woodward, 1998; Woodward & Guajardo, 2002). 정윤경과
곽금주(2005)의 연구에서 자유놀이 상황에서 나타난 영아의 연속
적 주의 상태들의 전후 관계를 분석한 결과, 모든 월령 집단에서
협응적 공동주의 바로 이전에 가장 빈번하게 발생한 주의 상태는
지지적 공동주의였다. 이러한 결과는 진정한 의미에서의 공동주
의라 할 수 있는 협응적 공동주의의 발달과 관련된 어머니의 상
호작용적 특성을 밝혀 주는 것으로 해석될 수 있다. 구체적으로
아기가 어떤 대상에 흥미를 느끼고 주의를 집중하고 있을 때, 엄
마가 그 대상을 함께 바라보면서 영아가 공동주의를 시작하는 것
을 기다려 주는 것이 아기의 공동주의 발달에 효과적일 수 있다
는 것이다. 특히 이 연구에서는 초기 의사소통이 출현하기 시작
하는 9개월 정도의 어린 영아에게서도 이러한 효과가 나타났다.
이 점은 상당히 일찍부터 아기의 공동주의 행동에 엄마가 영향을

미칠 수 있다는 것을 시사한다(정윤경, 곽금주, 2005). 특히 아기의 주의 상태를 무시하고 단순히 다양한 자극을 엄마가 주도적으로 보여 주는 것이 아니라 아기가 흥미를 느끼는 대상에 엄마도 주의를 돌리고 아기를 배려해 주는 것이 장기적으로 아기의 발달에 긍정적인 영향을 미칠 수 있음을 보여 준다. 또한 이 연구에서는 엄마와 아기의 가리키기 행동 간에 유의미한 상관이 있었다. 이는 엄마의 가리키기 행동이 영아의 가리키기 행동을 촉진함을 지지하는 결과다. 예컨대, 엄마의 가리키기 행동이 잦은 경우, 이를 모방할 수 있는 기회가 영아에게 더 자주 제공되는 것이다. 더욱 중요한 결과는 어머니의 가리키기 행동이 영아의 협응적 공동주의와 유의미한 상관이 있다는 것이다. 이와 같은 결과에 대하여 가능한 설명 중 하나는 가리키기 행동을 이용한 영아 주도적 공동주의가 어머니의 잦은 가리키기 행동에 의해 촉진될 수 있다는 것이다. 즉, 가리키기 행동은 협응적 공동주의를 이끌어 내는 데 있어 중요한 주도적 행동 중 하나다. 영아도 자신의 흥미 대상에 어머니의 주의를 끌어들여 협응적 공동주의를 이루기 위해 가리키기를 사용할 수 있다. 그런데 어머니의 빈도 높은 가리키기 행동은 앞서 밝혀졌듯이 영아의 가리키기 행동을 촉진하였을 것이며 이는 영아가 가리키기 행동을 사용한 영아 주도적 공동주의를 시도할 가능성을 높이는 것이다. 요컨대, 어머니의 가리키기 행동은 영아의 가리키기 행동의 촉진을 통해 간접적으로 협응적 공동주의의 발달에 영향을 미칠 수 있다.

　이러한 여러 발견은 공동주의에 참여하는 엄마의 특성이 공동주의에서 보이는 아기의 개인차와 관련될 수 있음을 보여 주는 것이다.

　지금까지 영아기 동안 아기와 엄마 간의 중요한 상호작용 패턴인 공동주의의 여러 가지 측면에 대하여 살펴보았다. 영아기의 상호작용은 월령 증가에 따라 엄마와 아기 사이의 면 대 면 이자적 상호작용에서 점차 제3의 대상을 포함하는 삼자적 상호작용의 형태로 변화한다. 공동주의 발달은 영아기 전반에 걸쳐 점진적으로 나타나는데 영아기 후반부로 갈수록 이러한 상호작용 동안 아기들은 더 빈번하게 성인의 시선을 따르고, 성인과 공유된 주의에 더 오래 개입하며, 성인의 주의를 이끌거나 다른 사람으로부터 특정 반응을 이끌어 내도록 기능하는 다양한 의사소통적 몸짓들을 보다 효과적으로 산출한다. 그런데 공동주의는 영아기에 국한되어서뿐만 아니라 이후 발달단계에서의 다양한 영역의 발달과 관련이 있다는 점에서 그 중요성이 있다. 특히 공동주의는 언어 및 마음 이론의 발달과 밀접한 관련이 있다. 이와 관련하여 공동주의는 언어장애 및 자폐와 같은 비정상적 발달을 예측할 수 있는 초기 지표로 언급되면서 인간 발달에 대한 새로운 관점을 제공하여 왔다. 또한 공동주의의 개인차를 가져올 수 있는 아기의 특성과 엄마의 특성 역시 존재한다. 지금까지 언급된 공동주의 발달의 의미를 여러 측면에서 곰곰이 되새겨 본다면 아기의 이후 발달에 촉진적 역할을 할 수 있는 발달 맥락을 조성할 수도 있을 것이다.

사랑은 두 사람이 그저 서로 얼굴을 마주 보는 것이 아니라 함께 같은 곳을 바라보는 것이라고 한다. 사랑하는 사람의 얼굴을 마주 보는 것도 매우 기쁜 일이겠지만 두 사람이 동시에 한 대상을 바라보는 것 또한 서로의 마음을 만나고 교감할 수 있는, 더없이 특별한 경험일 것이다. 세상에 태어나서 열두 달이 지나면 이 세상 대부분의 아기와 엄마 사이에서도 이런 특별한 일들이 일어난다. 외부 대상에 대한 아기들의 새로운 관심은 엄마와의 더 깊은 감정의 공유와 더 깊이 있는 소통으로 이어진다. 바야흐로 아기의 발달이 한 단계 더 높은 수준에서 이루어질 수 있도록 만드는 새로운 관계가 시작되는 것이다.

참고문헌

곽금주(2003). 한국의 북스타트 시범운동효과에 관한 연구. 한국북스타트 운동에 관한 연구 결과 보고서.

곽금주(2006). 영아기 발달의 기초연구와 응용: 종단적 관점에서의 발달방향 모색. 한국발달심리학회 학술대회 자료집, pp. 1-32. 경북: 경북대학교.

곽금주, 김수정, 정윤경(2005). 어머니의 신체적 터치 변화에 대한 영아 반응의 민감성. 아동학회지, 26(5), 123-137.

김민화, 곽금주(2004). 장난감 중심 상호작용 상황에서 보이는 영아-어머니의 주도성과 반응성. 한국심리학회지: 발달, 17(2), 19-35.

김민화, 곽금주, 김수정(2004). 초기 영아기 기질특성에 따른 상호주의 능력의 발달. 인간발달연구, 11(4), 19-35.

김수정, 곽금주, 장유경, 성현란, 심희옥(2003). 영아기 발달에 따른 한국 엄마의 신체적 터치 양상의 변화. 한국심리학회지: 발달, 16(4), 75-97.

김연수, 정윤경, 곽금주(2009). 영아기 공동주의와 아동 초기 마음이해 능력 간의 관계. 한국심리학회지: 발달, 22(4), 125-139.

박성혜, 곽금주, 성현란, 심희옥, 장유경, 김수정, 정윤경(2005). 영아기 사회성 증진 프로그램의 효과. 인간발달연구, 12(3), 15-29.

박영신(2011). 함께 주의하기의 개인차와 기질의 관련성. 한국심리학회지: 발달, 24(1), 109-124.

박영신, 박난희, 김효정(2009). 영아들의 함께 주의하기와 어휘발달. 한국

심리학회지: 발달, 18(1), 137-154.

성현란, 배기조, 곽금주, 장유경, 심희옥(2006). 인지적 중재 프로그램이 영아의 인지발달과 어머니-영아 상호작용에 미치는 효과. 한국심리학회지: 발달, 19(2), 41-59.

이영, 김온기(2000). 엄마와 함께 하는 영아 교육 프로그램이 어머니-영아 관계 및 영아 발달에 미치는 영향. 유아교육연구, 20, 67-84.

이영자, 이종숙, 신은수, 곽향림, 이정욱(2001). 탐색 및 놀이활동 중심의 1, 2세 영아프로그램의 개발 및 그 효과에 대한 연구. 유아교육연구, 21, 133-154.

정대련(2003). 다문화의 전통적 양육 방식 비교 연구. 생활과학 연구(동덕여대), 8, 131-143.

정윤경, 곽금주(2005). 영아기 공동 주의 발달에 대한 단기 종단 연구: 어머니와 자유 놀이에서의 주의 상태와 가리키기 행동을 중심으로. 한국심리학회지: 발달, 18(1), 137-154.

정윤경, 곽금주, 성현란, 심희옥, 장유경(2005). 영아의 타인의 주의적 관계에 대한 이해와 협응적 공동 주의와의 관계: 선별적 응시 모방 과제를 중심으로. 한국심리학회지: 발달, 18(3), 165-180.

Adamson, L. B., Bakeman, R., Russel, C. L., & Deckner, D. F. (1998). *Coding Symbol-Infused Engagement States, Technical Report 9.*

Ainsworth, M. D. S. (1973). The development of infant-mother attachment. In B. M. Caldwell & H. N. Riciutti (Eds.), *Review of child development research* (Vol. 3, pp. 1-94). Chicago: University of Chicago Press.

Ainsworth, M. D. S., Blehar, M. C., Waters, E., & Wall, S. (1978). *Patterns of attachment: A Psychology study of the Strange Situation.* Hillsdale,

NJ: Erlbaum.

Anderson, G. C. (1995). Touch and the kangaroo care methods. In T. M. Field (Ed.), *Touch in early development* (pp. 35-51). Mahwah, NJ: Lawrence Erlbaum Associates.

Angold, A., & Hay, D. F. (1993). Precusors and causes in development and psychopathology: An afterword. In D. F. Hay & A. Angold (Eds.), *Precusors and causes in development and psychopathology* (pp. 293-312). London: Wiley.

Anisfeld, E., Casper, V., Nozyce, M., & Cunningham, N. (1990). Does infant carrying promote attachment? An experimental study of the effects of increased physical contact on the development of attachment. *Child Development, 61*, 1617-1627.

Anokhin, K., Mileusnic, R., Shamakina, I., & Rose, S. (1991). Effects of early experience on c-fosgene expression in the chick forebrain. *Brain Research, 544*, 101-107.

Arnold, S. L. (2002). *Maternal tactile-gestural stimulation and infant' nonverbal behaviors during early mother-infant face-to face interactions: Contextual, age, and birth status effects.* Unpublished doctoral dissertation. Montreal, Quebec, Canada: Concordia University.

Aschersleben, G., Hofer, T., & Jovanovic, B. (2008). The link between infant attention to goal-directed action and later theory of mind abilities. *Developmental science, 11*(6), 862-868.

Assanelli, A., Salerni, N., & Franco, F. (2001). *Linguistic delay and gestural communication, in ELA 2001 Proceedings (CD ROM), Early lexicon acquisition conference*, Lyon, December.

Astington, J. W., & Jenkins, J. (1995). Theory of mind development and social understanding. *Cognition and Emotion, 9*, 151-165.

Baird, G., Charman, T., Cox, A., Baron-Cohen, S., Swettenham, J., Wheelwright, S., & Drew, A. (2001). Current topic: Screening and surveillance for autism and pervasive developmental disorders. *Archives of disease in childhood, 84*, 468-475.

Bakeman, R., & Adamson, L. B. (1984). Coordinating attention to people and objects in mother-infant and peer-infant interaction. *Child Development, 55*(4), 1278-1289.

Baldwin, D. (1991). Infants' contribution to the achievement of joint reference. *Child Development, 62*, 875-890.

Baldwin, D. (1995). Understanding the link between joint attetion and language. In C. Moore & P. J. Dunham (Eds.), *Joint attention: Its origins and role in development* (pp. 131-158). Hillsdale, NJ: Erlbaum.

Baldwin, D. A., & Baird, J. A. (1999). Early perception of social contingencies and interpersonal intentional inference. In P. Rochat (Ed.), *Early social cognition: Understanding others in the first months of life* (pp. 189-214). Mahwah, NJ: Psychology Press.

Baldwin, D., Bill, B., & Ontai, L. L. (1996). *Infants' tendency to monitor others' gaze: Is it rooted in intentional understanding or a result of simple prienting?* Paper presented at the International Conference on Infancy Studies. Providence, RI.

Baldwin, D., & Moses, L. (1996). The ontogeny of social information gathering. *Child Development, 67*, 1915-1939.

Bandura, A. (1965). Influence of models' reinforcement contingencies on the acquisition of imitative responses. *Journal of Personality and*

Social Psychology, 1, 589-595.

Baron-Cohen, S. (1989). Joint attention deficits in autism: Towards a cognitive analysis. *Development and Psychopathology, 1*, 185-189.

Baron-Cohen, S. (1994). How to build a baby that can read minds: Cognitive mechanisms in mindreading. *Cahiers de Psychologie Cognitive, 13*(5), 513-552.

Baron-Cohen, S. (1995). The eye dectection detector (EDD) and the shared attention mechanism (SAM): Two Cases for evolutionary psychology. In C. Moore & P. Dunham (Eds.), *Joint attention: Its origins and role in development* (pp. 41-59). Hillsdale, NJ: Erlbaum.

Baron-Cohen, S., & Swettenham, J. (1996). The relationship between SAMM and TOMM: Two hypotheses. In P. Carruthers & P. K. Smith (Eds.), *Theories of theories of mind* (pp. 158-168). Cambridge: Cambridge University Press.

Baron-Cohen, S., Leslie, A., & Frith, U. (1985). Does the autistic child have a theory of mind? *Cognition, 21*, 37-46.

Bates, E., & Goodman, J. (1997). On the inseparability of grammar and the lexicon: Evidence from acquisition. *Language and Cognitive Processes, 12*(5/6), 507-584.

Bates, E., Benigni, L., Bretherton, I., Camaioni, L., & Volterra, V. (1979). *The emergence of symbols: Cognition and communication in infancy.* New York: Academic.

Bateson, M. C. (1979). The epigenesis of conversational interaction: A personal account of research development. In M. Bullowa (Ed.), *Annals* of the New York Academy of Sciences (Vol. 263). Developmental psycholinguistics and communication disorder (pp. 101-113). New York: New York Academy of Sciencs.

Belsky, J. (1999). Infant-parent attachment. In L. Balter & C. S. Tamis-Lemonda (Eds.), *Child Psychology: A handbook of comtemporary issues* (pp. 45-63). Philadelphia, PA: Psychology Press.

Benoit, D., & Parker, K. C. H. (1994). Stability and transmission of attachment across three generations. *Child Development, 65,* 1444-1456.

Birns, B., Blank, M., & Bridger, W. H. (1966). The effectiveness of various soothing techniques in human neonates. *Psychosomatic Medicine, 28,* 316-322.

Bloom, P. (2000). *How children learn the meaning of words.* Cambridge, MA: MIT Press.

Bornstein, M. H., & Tamis-LeMonda, C. S. (2001). Mother-Infant Interaction. In G. Bremner & A. Fogel (Eds.), *Blackwell Handbook of Infant Development* (pp. 269-296). Blackwell Publishing.

Boucher, J. (1996). What could possibly explain autism? In P. Carruthers & P. K. Smith (Eds.), *Theories of theories of mind* (pp. 223-241). Cambridge: Cambridge University Press.

Brazelton, T. B. (1984). Introduction. In C. C. Brown (Ed.), *The many facets of touch* (pp. xv-xviii). Skillman, NJ: Johnson & Johnson Baby Products Co. *Pediatric Round Table Series, 10.*

Brazelton, T. B. (1990). Touch as a touchstone: Summary of the round table. In K. E. Barnard & T. B. Brazelton (Eds.), *Touch: The foundation of experience* (Clinical Infant Reports, No. 4, pp. 561-566). Madison, WI: International Universities Press.

Bretherton, I., Biringen, Z., Ridgeway, D., & Maslin, C. (1989). Attachment: The parental perspective. Special Issue: Internal representations and parent-infant relationships. *Infant Mental Health Journal, 10*, 203-221.

Brooks, R., & Meltzoff, A. N. (2002). The importance of eyes: How infants interpret adult looking behavior. *Developmental Psychology, 38*(6), 958-966.

Brossard, L., & Decarie, T. (1968). Comparative reinforcing effects of eight stimulations on the smiling responses of infants. *Journal of Child Psychology and Psyhchiatry, 9*, 51-60.

Brune, W. C. (2004). *The origins of Joint attention: Relations between social knowledge, social responsiveness, and attentional control.* Unpublished Dissertation, University of Chicago, Chicago.

Bruner, J. (1983). *Child's talk.* Oxford, England: Oxford University Press.

Butterworth, G. (2001). Joint visual attention in infancy. In Bremner, Gavin (Ed); Fogel, Alan (Ed.), *Blackwell handbook of infant development. Handbooks of developmental psychology* (pp. 213-240). Malden, MA, US: Blackwell Publishers.

Butterworth, G. E. (1991). The ontogenyand phylogeny of joint visual attention. In A. Whiten (Ed.), *Natual theories of mind* (pp. 223-232). Oxford: Blackwell.

Butterworth, G. E., & Grover, L. (1989). Joint visual attention, manual pointing, and preverbal communication in human infancy. In M. Jeannerod (Ed.), *Attention and performance 13: Motor representation and control.* (pp. 605-624). Hillsdale, NJ: Lawrence

Erlbaum Associates, Inc.

Butterworth, G. E., & Itakura, S. (1998). Development of precision grips in dhimpanzees. *Developmental science, 1*, 39-43.

Butterworth, G. E., & Jarrett, N. L. M. (1991). What minds have in common space: Spatial mehanism for perspective taking in infancy. *British Journal of Developmental Psychology, 9*, 55-72.

Camaioni, L. (1993). The development of intentional communication: A reanalysis. In J. Nadel & L. Camaioni (Eds.), *New perspectives in early communicative development* (pp. 82-96). London: Routledge.

Carey, S., & Bartlett, E. (1978). Acquiring a single new word. *Proceeding of the Stanford Child Language Conference, 15*, 17-29.

Carlsson, S. G., Fagerberg, H., Horneman, G, Hwang, C. P., Larsson, K., Rodholm, M., Schaller, J., Danielsson, B., & Gunderwall, C. (1978). Effects of amount of contact between mother and child on the mother's nursing behavior. *Developmental Psychology, 11*, 143-150.

Carpendale, J., & Lewis, C. (2006). *How children develop social understanding.* MA: Blackwell Publishing.

Carpenter, M., Nagell, K., & Tomasello, M. (1998). Social cognition, joint attention, and communicative competence from 9 to 15months of age. *Monographs of the Society for Research in Child Development, 63*(4), 1-176.

Charman, T., Baron-Cohen, S., Swettenham, J., Baird, G., Cox, A., & Drew, A. (2001). Testing joint attention, imitation, and play as infancy precursors to language and theory of mind. *Cognitive Development, 15*(4), 481-498.

Collis, G. (1977). Visual co-orientation and maternal speech. In H. R. Schaffer (Ed.), *Studies in mother-infant interaction* (pp. 325-354). New York: Academic Press.

Conti-Ramsden, G. (2000). The relevance of recent research on SLI to our understadning of normal language development. In M. Perkins and S. Howard (Eds.), *New Directions in Language Development and Disorders* (pp. 7-12). London: Kluwer/Plenum.

Corkum, V., & Moore, C. (1995). The origins of joint visual attention. In C. Moore & P. Dunham (Eds.), *Joint attention: Its origins and role in development* (pp. 61-83). Hillsdale, NJ: Erlbaum.

Corkum, V., & Moore, C. (1998). Origins of joint visual attention in infants. *Developmental Psychology, 34*(1), 28-38.

Delgado, C., & Delgado, I. (2002). *Infant communication development and maternal interpretation of intentionality.* Paper presented at the International Conference on Infant Studies, Toronto, Ontario, Canada.

Dickson, K. L., Walker, H., & Fogel, A. (1997). The relationship between smile type and play type during parent-infant play. *Developmental Psychology, 33*, 925-933.

Ellsworth, C. P., Muir, D. W., & Hains, S. M. (1993). Social competence and person-object differentiaion: An analysis of the still-face effect. *Developmental Psychology, 29*, 63-73.

Ferber, S. G., Feldman, R., & Makhoul, I. R. (2008). The development of maternal touch across the first year of life. *Early Human Development, 84*, 363-370

Field, T. (1995a). Massage therapy for infants and children. *Pediatrics, 16*,

105-111.

Field, T. (1995b). Psychologically depressed parents. In M. H. Bornstein (Ed.), *Handbook of parenting: Vol. 4. Applied and practical parenting* (pp. 85-99). Hillsdale, NJ: Erlbaum.

Field, T. (1999). Preschoolers in America are touched less and are more aggressive than preschoolers in France. *Early Child Development and Care, 151*, 11-17.

Field, T. (2001). Massage therapy facilitates weight gain in preterm infants. *Current Directions in Psychological Science, 10*, 51-54.

Field, T. (2003). *Touch.* Massachusetts: The MIT Press.

Field, T. M., Vega-Lahr, N., Scafidi, F., & Goldstein, S. (1986). Effects of maternal unavailability on mother-infant interactions. *Infant Behavior and Development, 9*, 473-478.

Fogel, A., Messinger, D. S., Dickson, K. L., & Hsu, H. C. (1999). Posture and gaze in early mother-infant communication: Synchronization of developmental trajectories. *Developmental Science, 2*, 325-332.

Franco, F. (2005). Infant Pointing: Harlequin, Servant of Two Masters. In N. Eilan, C. Hoerl, T. McCormack, & J. Roessler (Eds.), *Joint attention: communication and other minds* (pp. 129-164). Oxford: Clarendon Press.

Franco, F., & Butterworth, G. E. (1996). Pointing and social awareness: Declaring and requesting in the second year of life. *Journal of Child Language*, 307-336.

Franco, F., & Wishart, J. (1995). The use of pointing and other gestures by young children with Down syndrome. *American Journal of Mental Retardation, 100*(2), 160-182.

Franco, F., Fogel, A., Messinger, D. S., & Frazier, C. A. (1996). Cultural differences in physical contact between Hispanic and Anglo mother-infant dyads living in the United States. *Early Developmental and Parenting, 5*, 119-127.

George, C., & Solomon, J. (1996). Representational model of relationships: Links between caregiving and attachment. *Infant mental Health Journal, 17*, 198-216.

Gibson, E. J. (1969). *Principles of Perceptual Learning and Development*. East Norwalk, CT: Appleton-Century-Crofts.

Gibson, J. J. (1979). *The ecological approach to visual perception*. Boston: Houghton Mifflin.

Gopnik, A., Meltzoff, A. N., & Kuhl, P. (2006): 요람 속의 과학자. [The Scientist in the crib]. (곽금주 역). 서울: 도서출판 소소. (원전은 1999에 출판).

Green, A. (1998). Childhood sexual and physical abuse. In Wilson, J., & Raphael, B. (Eds.), *International Handbook of Traumatic Stress Syndromes* (pp. 577-592). Plenum Press: New York.

Greenough, W., Hwang, H., & Gorman C. (1985). Evidence for active synapse formation or altered postsynaptic metabolism in visual cortex of rats reared in complex environments. *Proceedings of the National Academy of Sciences, 82*, 4549-4552.

Gusella, J., Muir, D., & Tronick, E. (1988). The effect of manipulating maternal behavior during an interaction on three- and six-month-olds' affect and attention. *Child Development, 59*, 1111-1124.

Hains, S., & Muir, D. (1996). Infant sensitivity to adult eye direction. *Child Development, 67*(5), 1940-1951.

Harlow, H. (1958). The nature of love. *American Psychologist, 13*, 673-685.

Harlow, H. F., & Harlow, M. K. (1965). The affectional systems. In A. M. Schrier, H. F. Harlow, and F. Stollnitz (Eds.), *Behavior of nonhuman primates, 2*. New York, Academic Press.

Harris, M., Jones, D., & Grant, J. (1983). The nonverbal contest of mothers' speech to infants. *First Language, 4*, 21-30.

Hebb, D. O. (1946). On the nature of fear. *Psychological Review, 53*, 259-276.

Heibeck, T. H., & Markman, E, M. (1987). Word learning in children: An ezamination of fast mapping. *Child Development, 58*, 1021-1034.

Hertenstein, M. J. (2002). Touch: Its Communicative Functions in Infancy. *Human Development, 45*, 70-94.

Hertenstein, M. J., & Campos, J. J. (2001). Emotion regulation via maternal touch. *Infancy, 2*(4), 549-566.

Hewlett, B. S. (1987). Intimate fathers: Patterns of paternal holding among Aka pygmies. In M. E. Lamb (Ed.), *The father's role: Cross-cultural perspectives* (pp. 295-330). Hillsdale, NJ: Lawrence Erlbaum Associates.

Hobson, P. (1991). Against the theory of theory of mind. *British Journal of Developmental Psychology, 9*, 33-51.

Hunziker, U. A., & Barr, R. G. (1986). Increased carrying reduces infant crying: A randomized controlled trial. *Pediatrics, 77*, 641-648.

Ironson, G., Field, T. M., Scafidi, F., Hashimoto, M., Kumar, A., Price, A., Goncalves, A., Burman, I., Tetenman, C., Patarca, R., & Fletcher, M. A. (1996). Massage therapy is associated with enhancement of the immune system's cytotoxic capacity. *International Journal of Neuroscience, 84*, 205-217.

Isabella, R. A., Belsky, J., & von Eye, A. (1989). Origins of infant-mother attachment: An examination of interactional synchrony during the infants' first year. *Developmental Psychology, 25*, 12-21.

Jaffe, J., Beatrice, B., Stanley, F., Crown, C. L., & Jasnow, M. D. (2001). Rhythms of dialogue in infancy: Coordinated timing in development. *Monographs of the Society for Research in Child Development, 66*(2), vi-131.

Jaffe, J., Beebe, B., Feldstein, S., Crown, C. L., & Jasnow, M. D. (2001). Rhythms of dialogue in infancy. *Monographs of the Society for Research in Child Development, 66*(2), (Serial No. 265).

Jean, A. D., Stack, D. M., Girouard, N., & Fogel, A. (2004). *Maternal touch during interactions: The influence of infant age and social context.* In proceedings of the international Conference on Infants Studies. Chicago, IL.

Jean, A. D., &, Stack, D. M. (2009). Functions of maternal touch and infants' affect during face-to-face interactions: New directions for the still-face. *Infant Behavior and Development, 32*, 123-128.

Jean, A., Stack, D., Girouard, N., & Fogel, A. (2004, May). Maternal touching during interactions: *Influence of infant age and social context.* Poster presented at the International Society for Infant Studies (ICIS), IL: Chicago.

Jeong, Y., & Kwak, K. (2006). *The effect of mother infant interaction training on Promoting Coordinated Joint Attention.* Poster presented at 10th World Association for Infant Mental Health World

Congress, Paris, France.

Kagan, J. (1971). *Change and continuity in infancy.* New York: Wiley.

Kaitz, M., Lapidot, P., Bronner, R., & Eidelman, A. (1992). Mothers can recognize their infants by touch. *Developmental Psychology, 28,* 35-39.

Kaitz, M., Meirov, H., Landman, I., & Eidelman, A. I. (1993). Infant recognition by tactile cues. *Infant Behavior and Development, 16,* 333-341.

Karrass, J., & Braungart-Rieker, J. M. (2005). Effects of shared parent-infant book reading on early language acquisition. *Applied Developmental Psychology, 26,* 133-148.

Kaufman, J. (1991). Depressive disorders in maltreated children. *Journal of the American Academy of Child and Adolescent Psychiatry, 30*(2), 257-265.

Kawakami, K., Takai-Kawakami, K., & Kanaya, Y. (1994). A longitudinal study of Japanese and American mother-infant interaction. *Psychologia: An International Journal of Psychology in the Orient, 37,* 18-29.

Kaye, K., & Fogel, A. (1980). The temporal structure of face-to-face communication between mothers and infants. *Development Psychology, 16,* 454-464.

Kempermann, G., Kuhn, H., & Gage, F. (1997). More hippocampal neurons in adult mice living in an enriched environment. *Nature, 386,* 493-495.

Klaus, M. H., Kennell, J. H., Plumb, N., & Zuelke, S. (1970). Human maternal behavior at the first contact with her young. *Pediatrics, 46,*

187-192.

Koester, L. S., Brooks, L., & Traci, M. A. (2000). Tactile contact by deaf and hearing mothers during face-to-face interactions with their infants. *Journal of Deaf Studies and Deaf Education, 5,* 127-139.

Kolko, D. (1992). Characteristics of child victims of physical violence: Research findings and clinical implications. *Journal of Interpersonal Violence, 7,* 244-276.

Konner, M. J. (1976). Maternal care, infant behavior and development among the Kung. In R. B. Lee & I. DeVore (Eds.), *Kalahari hunger-gatherers: Studies of the Kung San and their neighbors* (pp. 218-245). Cambridge, MA: Harvard University Press.

Korner, A. F., & Thoman, E. B. (1972). The relative efficacy of contact and vestibular proprioceptive stimulation in soothing neonates. *Child Development, 43,* 443-453.

Kraemer, G. W. (1985). Effects of differences in early social experience on primate neurobiological-behavioral development. In Reite, M., and Field, T. (Eds.), *Psychology of attachment and separation,* 135-157. Orlando, FL: Academic Press.

Kugiumutzakis, G. (1998). Neonatal imitation in the intersubjective companion space. In S. Braten (Ed.), *Intersubjective communication and emotion in early ontogeny. Studies in emotion and social interaction* (pp. 63-88). New York: Cambridge University Press.

Kuhn, C., Schanberg, S., Field, T., Symanski, R., Zimmerman, E., Scafidi, F, & Roberts, J. (1991). Tactile/kinesthetic stimulation effects on sympathetic and adrenocortical function in preterm infants. *Journal of Pediatrics, 119,* 434-440.

Lalonde, C. E., & Chandler, M. J. (1995). False belief understanding goes to school: On the social-emotional consequences of coming early or late to first theory of mind. *Cognition & Emotion, 9*, 167-185.

Lamb, M. E. (1981). *The role of the father in child development* (Rev. ed.). New York: Wiley.

Larsson, K. (1994). The psychobiology of parenting in mammals. *Scandinavian Journal of Psychology, 35*, 97-143.

Lazar, I., Anchel, G., Beckman, L., Gethard, E., Lazar, J., & Sale, J. (1970). *A national survey of the parent-child center program.* Prepared for project Head Start, Office of Child Development, Department of Health, Education, and Welfare. Washington, DC: Kirchner Associates.

Lee, K., Eskritt, M., Symons, L. A., & Muir, D. (1998). Children's use of triadic eye gaze information for "mind reading." *Developmental Psychology, 34*, 525-539.

Leonard, L. B. (2000). Theories of language learning and children with specific language impairment. In M. Perkins and S. Howard (Eds.), *New Directions in language development and disorders.* London: Kluwer/Plenum, 1-5.

LePage, D. E. (1998). *Four- and 7-month-old infants' sensitivities to contingency during face-to-face social interactions.* Unpublished doctoral dissertation, Concordia University, Montreal, Quebec, Canada.

LePage, D. E., & Stack, D. M. (1997). *Four-and 7-month-old infants' abilities to detect tactile contingencies in a face-to-face context.* Poster session presented at the Canadian Psychological Association,

Quebec City, Quebec, Canada. Abstract published in Canadian Psychology, 32, 351.

Leslie, A. M., Knobe, J., & Cohen, A. (2006). Acting intentionally and the side-effect effect: Theory of mind and moral judgement. *Psychological Science, 17,* 421-427.

Levenson, R. W. (1992). Autonomic nervous system differences among emotions. *Psychological Science, 3,* 23-27.

Leyendecker, B., Lamb, M. E., Fracasso, M. P., & Scholmerich, A. (1997). Playful interaction and the antecedents of attachment: A longitudinal study of Central American and Euro-American mothers and infants. *Merrill-Palmer Quarterly, 43,* 24-47.

Liszkowski, U., Carpenter, M., Henning, A., Striano, T., & Tomasello, M. (2004). Twelve-month-olds point to share attention and interest. *Developmental Science, 7*(3), 297-307.

Ludington-Hoe, S. M., & Swinth, J. Y. (1996). Developmental aspects of kangaroo care. *Journal of Obstetric, Gynecologic, and Neonatal Nursing, 25,* 691-703.

Madden, J., Levenstein, P., & Levenstein, S. (1976). Longitudinal IQ outcomes of the mother-child home program. *Child Development, 47,* 1015-1025.

Madden, J., O, Hara, J., & Levenstein, P. (1984). Home again: Effects of the mother-child home program on mother and child. *Child Development, 55,* 636-647.

Mahoney, G., Boyce, G., Fewell, R., Spiker, D., & Wheeden, C. A. (1998). The relationship of parent-child interaction to the effectiveness of early intervention services for at-risk children and children with disabilities. *Topics in Early Childhood Special Education, 18,* 5-17.

Main, M. (1990). Parental aversion to infant-initiated contact is correlated with the parent's own rejection during childhood: The effects of experience on signals of security with respect to attachment. In K. E. Barnard & T. B. Brazelton (Eds.), *Touch: The foundation of experience: Full revised and expanded proceedings of Johnson & Johnson Pediatric Round Table X. Clinical infant reports* (pp. 461-495). Madison, CT: International Universities Press.

Main, M., & George, C. (1985). Response of abused and disadvantaged toddlers to distress in arguments: A study in the day care setting. *Developmental Psychology, 21*(3), 407-412.

Main, M., & Stattman, J. (1981). Infant response to rejection of physical contact by the mother: Aggression, avoidance and conflict. *Journal of the American Academy of Child Psychology, 20,* 292-307.

Markus, J., Mundy, P., Morales, M., Delgado, C. E. F., & Yale, M. (2000). Individual differences in infant skills as predictors of child-caregiver joint attention and language. *Social Development, 9*(3), 302-315.

Maurer, D., & Maurer, C. (1988). *The world of the newborn.* New York: Basic Books.

Mayes, L. C., & Carter, A. S. (1990). Emerging social regulatory capacities as seen in the still-face situation. *Child Development, 61,* 754-763.

Mead, M. (1935). *Sex and Temperament in Three Primitive Societies,* 40-41. New York: William Morrow.

Meltzoff, A. N. (1988). Infant imitation after a 1 week delay: Long-term memory for novel acts and multiple stimuli. *Developmental Psyc hology, 24*(4), 470-476.

Montagu, A. (1986). *Touching: The human significance of the skin* (3rd ed.), New York: Harper & Row.

Montagu, A. (2003). Touching. mother-infant face-to-face interaction. *Infant Behavior and Development, 15,* 231-244.

Moore, C., & Corkum, V. (1994). Social understanding at the end of the first year of life. *Developmental Review, 14,* 349-372.

Moore, C., & Corkum, V. (1998). Infant gaze following based on eye direction. *British Journal of Developmental Psychology, 16*(4), 495-503.

Moore, C., & Dunham, P. J. (Eds.), (1995). Joint attention: *Its origins and role in development* (pp. 223-250). Hillsdale, NJ: Lawrence Erlbaum.

Moore, M., & Wade, E. (1997). Parents and children sharing book: An observational study. *Signal, Sept,* 203-214.

Morales, M., Mundy, P., Delgado, C., Yale, M., Neal, R., & Schwartz, H. (2000). Gaze following, temperament, and language development in 6-month old: A replication and extension. *Infant behavior and Development, 23,* 231-236.

Morales, M., Mundy, P., & Rojas, J. (1998). Following the direction of gaze and language development in 6-month-olds. *Infant Behavior & Development, 21*(2), 373-377.

Moreno, A. J., Posada, G. E., & Goldyn, D. T. (2006). Presence and quality of touch influence coregulation in Mother-infant dyads. *Infancy, 9*(1), 1-20.

Morissette, P., Ricard, M., & Gouin-Decarie, T. (1995). Joint visual attention and pointing in infancy: A longitudinal study of comprehension. *British Journal of Developmental Psychology*, *13*, 163-177.

Moszkowski, R. J., & Stack, D. M. (2007). Infant Touching Behavior During Mother-Infant Face-to-Face Interactions. *Infant and Child Development*, *16*, 307-319.

Mundy, P., Block, J., Delagado, C., Pomares, Y., Van Hecke, A., & Parlade, M. (2007). Individual differences and the development of joint attention in infancy. *Child Development*, *78*(3), 938-954.

Mundy, P., Delgado, C., & Hogan, A. (2003). *A manual for the early social communication scales(ESCS)*. Unpublished manuscript.

Mundy, P., Kasari, C., & Sigman, M. (1992). Non-verbal communication, affective sharing and intersubjectivity. *Infant Behavior and Development*, *15*, 377-381.

Mundy, P., Sigman, M., & Kasari, C. (1990). A longitudinal study of joint attention and language development in autistic children. *Journal of Autism and Development Disorders*, *20*, 115-128.

Mundy, P., Sigman, M., & Kasari, C. (1994). Joint attention, developmental level, and symptom presentation in autistic children. *Development and Psychopathology*, *6*, 389-401.

Nelson, K. E., & Bonvillian, J. (1973). Concepts and words in the two-year-old: Acquisition of concept names under controlled conditions. *Cognition*, *2*, 435-450.

Network, N. E. C. C. R. (1997). The effects of infant child care on infant-mother attachment security: Result of the NICHD study of early child care. *Child Development*, *68*, 860-879.

New, R. S., & Benigni, L. (1987). Italian fathers and infants: Cultural constrains on paternal behavior. In M. E. Lamb (Ed.), *The father's role: Cross-cultural perspectives* (pp. 139-167). Hillsdale, NJ: Lawrence Erlbaum Associates.

Ninio, A., & Bruner, J. (1978). The achievement and antecedents of labeling. *Journal of child language, 5(1)*, 1-15.

Nudo, R., Milliken, G., Jenkins, W., & Merzenich, M. (1996). Use-dependent alterations of movement representation in primary motor cortex of adult squirrel monkeys. *Journal of Neuroscience, 16*, 785-807.

Papousek, H., & Papousek, M. (1995). Intuitive parenting. In M. H. Bornstein (Ed.), *Handbook of parenting* (Vol. 2, pp. 117-136). Mahwah, NJ: Lawrence Erlbaum Associates.

Pederson, D. R., & Moran, G. (1995). A categorical description of infant-mother relationship in the home and its relation to Q-sort measures of infant-mother interaction. *Monographs of the society for Research in Child Development, 60*, 111-132.

Peláez-Nogueras, M. (1995). *Rhythmic and nonrhythmic touch during mother-infant interactions.* Poster session presented at the Biennial Meeting of the Society for Research in Child development, Indianapolis, IN.

Peláez-Nogueras, M., Field, T. M., Hossain, Z., & Pickens, J. (1996a). Depressed mothers' touching increases infants' positive affect and attention in still-face interactions. *Child Development, 67*, 1780-1792.

Peláez-Nogueras, M., Field, T., Gewirtz, J. L., Cigales, M., Gonzalez, A., Sanchez, A., & Richardson, S. C. (1997). The effects of systematic stroking versus tickling and poking on infant behavior. *Journal of Applied Developmental Psychology, 18*, 169-178.

Peláez-Nogueras, M., Gewirtz, J. L., Field, T., Cigales, M., Clasky, S., & Sanchez, A. (1996b). Infants' preference for touch stimulation in face-to-face interactions. *Journal of Applied Developmental Psychology, 17,* 199-213.

Perry, B., & Pollard, R. (1998). Homeostasis, stress, trauma and adaptation: A neurodevelopmental view of childhood trauma. *Child and Adolescent Psychiatric Clinics of North America, 7,* 33-51.

Phillips, R. B., & Moses, H. A. (1996). Skin hunger effects on preterm neonates. *The Transdisciplinary Journal, 6,* 39-49.

Powell, D. R. (2001). Early intervention and risk. In G. Bremner & A. Fogel (Eds.), *Blackwell handbook of infant development* (pp. 543-564). Oxford: Blackwell publishing.

Prescott, J. W., & Wallace, D. (1976). *Developmental Sociobiology and the origins of aggressive behavior.* Paper presented at the 21st International Congress of Psychology, July 18-25.

Reissland, N., & Burghart, R. (1987). The role of massage in South Asia: Child Health and development. *Social Science and Medicine, 25,* 231-239.

Robin, M. (1982). Neonate-mother interaction: Tactile contacts in the days following birth. *Early Child Development and Care, 9,* 221-236.

Roedell, W. C., & Slaby, R. G. (1977). The role of distal and proximal inter- action in infant social preference formation. *Developmental Psychology, 13,* 266-273.

Rogeness, G. A., Javors, M. A., & Pliska, S. R. (1992). Neurochemistry and child and adolescent psychiatry. *Journal of the American Academy of Child and Adolescent Psychiatry, 31,* 765-781.

Roiste, A., & Bushnell, I. W. R. (1996). Tactile stimulation: Short-and Long-term benefits for preterm infants. *British Journal of Developmental Psychology, 14,* 41-53.

Roopnarine, J. L., Talukder, E., Jain, D., Joshi, P., & Srivastav, P. (1990). Characteristics of holding, patterns of plays, and social behaviors between parents and infants in New Delhi, India. *Developmental Psychology, 26,* 667-673.

Sabbach, M. A., & Baldwin, D. (2005). Understanding the Role of Communicative Intentions in Word Learning. In N. Eilan, C. Hoerl, T. McCormack, & J. Roessler (Eds.), *Joint attention: Communication and other minds* (pp. 165-184). Oxford: Clarendon Press.

Samuelson, L. K., & Smith, L. B. (2000). Memory and attention make smart word learning: An alternative account of Akhtar, Carpenter, and Tomasello. *Child Development, 69,* 94-104.

Sapolsky, R. (1997). The importance of a well-groomed child. *Science 277*(533), 1620.

Scafidi, F. A., Field, T. M., Schanberg, S. M., Bauer, C. R., Vega-Lahr, N., Garcia, R., Power, J., Nystrom, G., & Kuhn, C. M. (1986). Effects of tactile/kinesthetic stimulation on the clinical course and sleep/wake behavior of preterm neonates. *Infant Behavior and Development, 9,* 91-105.

Scaife, M., & Bruner, J. S. (1975). The capacity for joint attention in the infant. *Nature, 253,* 265-266.

Schafer, G., & Plunkett, K. (1998). Rapid word learning by fifteen-month-old infants under tightly controlled conditions. *Child Development, 69,* 309-320.

Scheiffelin, B. B. (1985). The acquisition of Kaluli. In D. Dlobin (Ed.), The cross-Linguistic study of language acquisition (pp. 525-593). Hillsdale, NJ: Erlbaum.

Scheiffelin, B. B. (1990). *The give and take of every life: Language socialization of Kaluli Children.* Cambridge: Cambridge University Press.

Schiefenhovel, W. (1997). Universals in interpersonal interactions. In U. Segerstrale & P. Molnar (Eds.), *Nonverbal communication: Where nature meets culture* (pp. 61-79). Mahwah, NJ: Lawrence Erlbaum Associates.

Schmidt, C. L., & Lawson, K. R. (2002). Caregiver attention-focusing and children's attention sharing behaviors as predictors of later verbal IQ in very low birth weight children. *Journal of Child Language, 29,* 3-22.

Schore, A. (1998). Early Trauma and the Development of the Right Brain. Paper Presented at the Hincks-Dellcrest Institute Conference on Trauma, Toronto, Canada. *Human Development. 45,* 95-99.

Seibert, J. M., Hogan, A. E., & Mundy, P. C. (1982). Assessing interactional competencies: The Early Social-Communication Scales. *Infant Mental Health Journal, 3,* 244-245.

Slaughter, V., & McConnell, D. (2003). Emergence of joint attention: Relationships between gaze following, social referencing, imitation, and naming in infancy. *Journal of Genetic Psychology, 164*(1), 54-71.

Sroufe, L. A. (1996). *Emotional development: The organization of emotional life in the early years.* New York: Cambridge University Press.

Stack, D. M. (2001). The salience of touch and physical contact during infancy: Unraveling some of the mysteries of the somaesthetic sense. In A. Fogel & G. Bremner (Eds.), *Blackwell handbook of infant development*. London: Blackwell.

Stack, D. M. (2004). Touching during mother-infant interactions. In T. M. Field & J. Freedman (Eds.), *Touching and massage in early child development* (pp. 49-81). Johnson and Johnson Pediatric Institute, LLC.

Stack, D. M., & LePage, D. E. (1996). Infants' sensitivity to manipulations of maternal touch during face-to-face interactions. *Social Development, 5,* 41-55.

Stack, D. M., & Muir, D. W. (1990). Tactile stimulation as a component of social interchange: New interpretations for the still-face effect. *British Journal of Developmental Psychology, 8,* 131-145.

Stack, D. M., & Muir, D. W. (1992). Adult tactile stimulation during face-to-face interactions modulates 5-month-olds' affect and attention. *Child Development, 63,* 1509-1525.

Steele, H., Steele, M., & Fonagy, P. (1996). Associations among attachment classifications of mothers, fathers, and their infants. *Child Development, 67,* 543-555.

Straus, M., & Gelles, R. (1990). *Physical Violence in American Families: Risk Factors and Adaptations to Violence in 8145 Families.* Transition: New Brunswick, NJ.

Suomi, S. (1986). Anxiety-like disorders in young nonhuman primates. In R. Gittleman (Ed.), *Anxiety Disorders of Childhood.* Guilford Press: New York.

Suomi, S. (1990). The role of tactile contact in rhesus monkey social development. In K. Barnard & T. B. Brazelton (Eds.), *Touch: The Foundation of Experience*. International Universities Press: Madison, CT, 129-164.

Sweet, M., & Appelbaum, M. I. (2004). Is Home Visiting an Effective Strategy: A Meta-Analytic Review of Home Visiting Programs for Families with Young Children. *Child Development, 75*(5), 1435-1456.

Tomasello, M. (1992). The social bases of language acquisition. *Social Development, 1*(1), 67-87.

Tomasello, M. (1995). Joint attention as social cognition. In C. Moore & P. J. Dunham (Eds.), *Joint attention: Its origins and role in development* (pp. 103-130). Hillsdale, NJ: Lawrence Erlbaum Associates.

Tomasello, M. (1999). Having intentions, understanding intentions, and understanding communicative intentions. In P. D. Zelazo & J. W. Astington (Eds.), *Developing theories of intention: Social understanding and self-control* (pp. 63-75). Hillsdale, NJ: Lawrence Erlbaum Associates.

Tomasello, M., & Farrar, M. J. (1986). Joint attention and early language. *Child Development, 57*(6), 1454-1463.

Trevarthen, C. (1979). Communication and cooperation in early infancy: A description of primary intersubjectivity. In M. Bullowa (Ed.), *Before speech: The beginning of human communicative development* (pp. 48-81). London: Routledge.

Trevarthen, C. (1980). The foundations of intersubjectivity: Development

of interpersonal and cooperative understanding in infancy. In D. Olson (Ed.), *The Social foundation of Language and Thought: Essays in Honor of J. S. Bruner* (pp. 316-342). New York: Horton.

Trevarthen, C. (1993). The self born in intersubjectivity: The psychology of an infant communicating. In U. Neisser (Ed.), *The perceived self* (pp. 121-173). New York: Cambridge University Press.

Tronick, E. Z. (1995). Touch in mother-infant interaction. In T. M. Field (Ed.), *Touch in early development* (pp. 53-65). Mahwah, NJ: Erlbaum.

Tronick, E. Z., Als, H., Adamson, L., Wise, S., & Brazelton, T. B. (1978). The infant's response to entrapment between contradictory messages in face-to-face interaction. *American Academy of Child Psychiatry, 17*, 1-13.

Tronick, E. Z., Morelli, G. A., & Winn, S. (1987). Multiple caretaking of Efe(Pygmy) infants. *American Anthropologist, 89*, 96-106.

Tronick, E. Z., Tomas, R. B., & Daltabuit, M. (1994). The Quechua manta pouch: A caretaking practice for buffering the Peruvian infant against the multiple stressors of high altitude. *Child Development, 65*, 1005-1013.

Tronick, E. Z., & Weinberg, M. K. (1990, April). *The stability of regulation behaviors.* Paper presented at the Biennial Meeting of the International Conference on Infant Studies. Montreal, Quebec, Canada.

Van der Kolk, B. A., & Fisler, R. E. (1994). Childhood abuse and neglect and loss of self-regulation. *Bulletin of the menninger Clinic, 58*, 145-168.

Van Hecke, A. V., Mundy, P. C., Acra, C. F., Block, J. J., Delgado, C. E.

F., Parlade, M., Meyer, J. A., Neal, A. R., & Pomares, Y. B. (2008). Infant Joint Attention, Temperament, and Social Competence in Preschool Children. *Child Development, 78*(1), 53-69.

Van IJzendoorn, M. H., Goldberg, S., Kroonenberg, P. M., & Frenkel, O. J. (1992). The relative effects of maternal and child problems on the quality of attachment: A meta-analysis of attachment in clinical samples. *Child Development, 63*, 840-858.

Van IJzendoorn, M. H. (1995). Adult attachment representations, parental responsiveness, and infant attachment a meta-analysis on the predictive validity of the Adult Attachment Interview. *Psychological Bulletin, 117*, 387-403.

Vondra, J. I., Shaw, D. S., & Kevenides, M. C. (1995). Predicting infant attachment classification from multiple contemporaneous measures of maternal care. *Infant Behavior & Development, 18*, 415-425.

Walker-Andrews, A. S. (1997). Infants' perception of expressive behaviors: Differentiation of multimodal information. *Psychological Bulletin, 121*, 437-456.

Walsh, A. (1991). *The Science of Love: Understanding Love and Its Effects on Mind and Body.* Prometheus Books: Buffalo, NY.

Ward, M. J., & Carlson, E. A. (1995). Associations among adult attachment, maternal sensitivity, and infant attachment in a sample of adolescent mothers. *Child development, 66*, 69-79.

Watt, J. (1990). Interaction, Intervention, and development in small-for-gestational-age infants. *Infant Behavior and Development, 13*, 273-286.

Weiss, S. J. (1991). *Individual differences as predictors of neurobehavioral response during tactile stimulation of infants.* Abstracts of the 1991

Meeting of the Society for Research in Child Development (p. 497). Seattle, WA.

Weiss, S. J., & Campos, R. (1999). Touch. In C. A. Lindeman & M. McAthie (Eds.), *Fundamentals of contemporary nursing practice* (pp. 941-962). Philadelphia: W. B. Saunders Company.

Weiss, S. J., Wilson, O., Hertenstein, J. J., & Campos, R. (2000). The tactile context of a mother's caregiving: Implications for attachment of low birth weight infants. *Infant and Child Development, 23*, 91-111.

Wellman, H. M., Cross, D., & Watson, J. (2001). Meta-analysis of theory of mind development: The truth about false belief. *Child Development, 72*(3), 655-684.

Wellman, H. M., & Liu, D. (2004). Scaling of Theory-of-Mind Tasks. *Child Development, 75*(2), 523-541.

Wellman, H. M., Lopez-Duran, S., LaBounty, J., & Hamilton, B. (2008). Infant attention to intentional action predicts preschool theory of mind. *Developmental psychology, 44*(2), 618-623.

Wellman, H. M., & Miller, J. G. (2008). Including Deontic Reasoning as fundamental to Theory of Mind. *Human Development, 51*, 105-135.

Wellman, H. M., Phillips, A. T., Dunphy-Lelii, S., & LaLonde, N. (2004). Infant social attention predicts preschool social cognition. *Developmental science, 7*(3), 283-288.

Werner, E., Bierman, J., & French, F. (1971). *The Children of Kauai.* Honolulu: University of Hawaii Press.

Whitehurst, G. J., Kedesdy, J., & White, T. G. (1982). A functional analysis of meaning. In S. Kuczaj (Ed.), *Language development:*

Syntax and semantics Vol. 1, Erlbaum, Hillsdale, N.J.

Witherington, D. C., Campos, J. J., & Hertenstein, M. J. (2001). Principles of emotion and its development in infancy. In A. Fogel & G. Bremner (Eds.), *Blackwell handbook of infant development*. London: Blackwell.

Wolff, P. H. (1963). Observations on the early development of smiling. In B. M. Foss (Ed.), *Determinant of infant behavior II* (pp. 113-138). London: Methuen & Co.

Woodward, A. L. (1998). Infants selectively encode the goal of an actor's reach. *Cognition, 69(1)*, 1-34.

Woodward, A. L., & Guajardo, J. J. (2002). Infants' understanding of the point gesture as an object-directed action. *Cognitive Development, 17*(1), 1061-1084.

Yirmiya, N., & Shulman, C. (1996). Seriation, conservation, and theory of mind abilities in individuals with autism, individuals with mental retardation, and normally developing children. *Child Development, 67*(5), 2045-2059.

Yogman, M. W. (1982). Development of the father-infant relationship. In H. F. Fitzgerald, B. M. Lester, & M. W. Yogman (Eds.), *Theory and research in behavioral pediatrics* (Vol. 1, pp. 221-279). New York: Plenum Press.

찾아보기

인 명

내 용

저자 소개

곽금주
서울대학교 심리학 석사(발달심리학)
George Washington University Ed. S(교육학)
연세대학교 심리학 박사(발달심리학)
현) 서울대학교 심리학과 교수

김수정
중앙대학교 심리학 석사, 박사(발달심리학)
현) 서울대학교 사회과학연구원 연수연구원

김연수
서울대학교 심리학 석사, 박사(발달심리학)
현) 서울대학교 사회과학연구원 연수연구원

영유아기 엄마와의 상호작용

2011년 8월 25일 1판 1쇄 발행
2017년 9월 25일 1판 4쇄 발행

지은이 • 곽금주 · 김수정 · 김연수

펴낸이 • 김 진 환

펴낸곳 • ㈜ 학지사

　　　　04031 서울특별시 마포구 양화로 15길 20 마인드월드빌딩 5층

대표전화 • 02) 330-5114　　　팩스 • 02) 324-2345

등록번호 • 제313-2006-000265호

홈페이지 • http://www.hakjisa.co.kr

페이스북 • https://www.facebook.com/hakjisabook

ISBN 978-89-6330-737-4 93370

정가 **15,000**원

교육문화출판미디어그룹 **학지사**

학술논문서비스 **뉴논문** www.newnonmun.com
심리검사연구소 **인싸이트** www.inpsyt.co.kr
원격교육연수원 **카운피아** www.counpia.com